ECONIT

ECON IM TASCHENBUCH

Birgit Breuel

Es gibt kein Butterbrot umsonst

Gedanken zur Krise, den Problemen und Chancen unserer Wirtschaft

mit einem Vorwort von
Otto Wolff von Amerongen

ECON Verlag
Düsseldorf · Wien

1. Auflage 1976

Gesetzt aus der 10 Punkt Times
Satz: Industriedruck AG, Essen
Herstellung: Ebner, Ulm
Printed in Germany
ISBN 3 430 11534 5

Inhalt

Vorwort

In der heutigen Zeit ein Buch zu schreiben, das sich mit der Demontage der Sozialen Marktwirtschaft beschäftigt, ist ein Wagnis und eine Herausforderung zugleich.
Wir befinden uns mitten in einer tiefen, nicht allein auf die Bundesrepublik beschränkten Rezession, die manche schon als Depression à la 1930/31 bezeichnen. Wir stehen mitten in einem strukturellen Umbruch in vielen alten, insbesondere europäischen Industrieländern – in einem Umbruch, von dem insbesondere unser Land tief betroffen ist. Wir stecken in einer Umkehrung des relativen Wertverhältnisses zwischen Rohstoffen und Halbwaren einerseits und industriellen Produkten andererseits, im Fachjargon Umkehrung der terms of trade genannt – eine Umkehrung, die unser so außenhandelsabhängiges Land schwer trifft.
Mitten in dieser Zeit setzt sich die Autorin hin und schildert die Etappen des Aufbaus und der Denaturierung der Sozialen Marktwirtschaft. Sie zeichnet aber auch für diejenigen, die auch in schwierigen Zeiten an die Kraft des Marktes glauben, optimistische Aspekte für die Erhaltung und Weiterentwicklung einer wettbewerbsorientierten und liberalen Wirtschaftsform. Dies ist um so beachtenswerter, als die Autorin zur Zeit der Proklamation der Sozialen Marktwirtschaft gerade erst das zehnte Lebensjahr vollendet hatte. Die Werke von Roepke und Hayek, den geistigen Vorläufern der Sozialen Marktwirtschaft, haben den Schreiber

dieses Vorwortes während des Krieges, also in einer Zeit vollkommener Planung und Kontrolle der Weltwirtschaft, stark beeindruckt. Die Autorin erlebte diese »Hochsaison« der Diskussion um die Soziale Marktwirtschaft als Kind. Und dennoch fühlt sich gerade eine Vertreterin dieser jungen Generation gedrängt, ihre Gedanken zur Verteidigung dieser Wirtschaftsordnung, nicht im klassischen Sinn, sondern mit Vorschlägen, wie man dieses Prinzip den neuen Verhältnissen, auch in der Weltwirtschaft, anpassen kann, zu Papier zu bringen.

Vergessen wir nicht, daß es ebenfalls diese Generation ist, aus der heute massiv Kritik an der Sozialen Marktwirtschaft kommt. Sie hat die großen Vorteile dieses Systems, das uns unmittelbar nach dem Kriege aus der Umklammerung der Planung befreite, nicht bewußt miterlebt, war aber in ihren Studienjahren voll der Kritik aller jener ausgesetzt, die immer noch an das Heil der Planwirtschaft glauben. In diesem Zusammenhang darf man nicht vergessen, daß die SPD erst im Jahre 1959 mit ihrem Godesberger Programm ihre Schwenkung zur Sozialen Marktwirtschaft vorgenommen hat.

Diese Generation hat aber auch erleben müssen – von den sogenannten Systemveränderern will ich hier gar nicht sprechen –, wie aus den Reihen der Marktwirtschaftler, ging es um harte politische Realitäten, plötzlich Gedanken geäußert wurden, die im Gegensatz zu dem Prinzip des Wettbewerbs standen. So weist die Autorin mit Recht auf eine »Jugendsünde« des Vaters der Sozialen Marktwirtschaft hin, daß er nämlich nach der Währungsreform nicht konsequent genug war, auch die Preise für Kohle und Stahl

OTTO WOLFF VON AMERONGEN

freizugeben, und damit zumindest den Kern für die negative Entwicklung des deutschen Steinkohlenbergbaus legte.
Wenn die Verfechter der Marktwirtschaft bei Kohle und Stahl glaubten, nicht auf die Kräfte des Wettbewerbs vertrauen zu können, so ist das damit zu erklären, daß der damalige Wirtschaftsminister – ähnlich wie die Gewerkschaften und Teile der damaligen CDU/FDP-Regierung – die Bedeutung der Schwerindustrie vor allem in der Wiederaufbauphase überschätzte. Nur aufgrund dieses Irrtums ist es zu erklären, daß die Gewerkschaften die Mitbestimmung in der Montan-Industrie durchsetzen konnten, weil man einfach davon überzeugt war, mit diesen beiden Wirtschaftszweigen die gesamtwirtschaftliche Entwicklung der neuen Bundesrepublik im Griff zu haben.
Die Autorin bemüht sich aber auch klarzumachen, daß die Soziale Marktwirtschaft nicht nur ein Prinzip für eine wirtschaftliche Schönwetterlage ist, sondern daß ihre Prinzipien auch in der Zeit wirtschaftlicher Baisse ihre Gültigkeit behalten, ja vielleicht sogar noch wichtiger für das Gesamtwohl einer Volkswirtschaft sind als in konjunkturell guten Zeiten. Dieses ist weniger an die Adresse derjenigen gerichtet, die aus ideologischen Gründen die Soziale Marktwirtschaft ablehnen und statt dessen am liebsten eine totale Verplanung aller Lebensbereiche sähen, sondern vielmehr an die Adresse derjenigen, die das Bekenntnis zur Sozialen Marktwirtschaft als eine Routine verstehen, die zum guten Ton eines Politikers, eines Unternehmers oder auch eines aufgeklärten Gewerkschaftsfunktionärs gehört. Es sind nämlich jene, die sehr schnell anders handeln, als sie reden, wenn sich in ihrem eigenen, engeren Bereich die Dinge

ändern. Das Sturmlaufen gegen die progressive Liberalisierung im Bereich der heutigen OECD, damals OEEC, und das Heraufbeschwören schwerer wirtschaftlicher Folgen für die heimische Industrie gehören ebenso dazu wie das Wehklagen vieler Industrien über die sehr vorsichtig vorgenommene Liberalisierungspolitik gegenüber den Ostblockstaaten.
Die Autorin ist selbstkritisch genug zu erkennen, daß auch ihre eigene Partei, deren wirtschaftspolitische Sprecherin sie in der Hamburger Bürgerschaft ist, aus zum Teil vordergründigen Motiven gegen die Soziale Marktwirtschaft gehandelt hat.
Gerade die Soziale Marktwirtschaft kann ohne staatliche Rahmenbedingungen nicht existieren. Sie verkörpert aber das Prinzip, das mit den wenigsten staatlichen Interventionen auszukommen in der Lage ist, weil der Markt und der Wettbewerb selbst für Ordnung sorgen. Es ist zwar verständlich, daß manche wirtschaftliche Gruppen, die dann, wenn sich das wirtschaftliche Geschehen gegen sie wendet, von diesem Wettbewerbsprinzip auf einmal nicht mehr begeistert sind. Aber unverantwortlich ist es, daß diese Gruppen dann versuchen, durch Absprachen die Funktionsfähigkeit des Marktes zu behindern, und ihn damit unterlaufen.
Und es ist richtig, daß die Autorin uns allen in diesem Zusammenhang den Kampf des Bundesverbandes der Deutschen Industrie (BDI) gegen das Kartellgesetz in Erinnerung ruft – ein Kampf, der von seiten des Verbandes von ehrbaren, tüchtigen und aufrechten Männern geführt wurde, die aber in ihrem wirtschaftspolitischen Verständnis

noch am Beginn des Jahrhunderts standen. Männer, die die freie Marktwirtschaft bejahten, aber dort, wo sie einmal weh tun könnte, glaubten, sie ausschalten zu müssen. Sie führten einen Kampf gegen Maßnahmen, die die staatlichen Rahmenbedingungen, von denen ich eben sprach, für den Wettbewerb setzen sollten.
Diese Auseinandersetzung zwischen Anhängern der Sozialen Marktwirtschaft hat die Durchsetzung dieses Prinzips verzögert, der betroffenen Wirtschaft nicht genutzt und dem so wichtigen Verbandswesen in der Öffentlichkeit stark geschadet. Auch hier ruft die Autorin uns ins Gedächtnis zurück, daß es bisher weniger die Randgruppen wie z. B. die sogenannten Systemveränderer sind, die wirksam am Ast der Sozialen Marktwirtschaft gesägt haben, sondern vielmehr die sie bejahenden Kräfte in Verkennung der Bedeutung und Funktion der Wettbewerbswirtschaft.

Warum ist dieses Buch zum gegenwärtigen Zeitpunkt so wichtig?
Keiner bestreitet heute mehr, daß wir uns in einer der schwierigsten wirtschaftspolitischen Auseinandersetzungen nach dem Zweiten Weltkrieg befinden. Das Buch will beweisen, daß auch in einem veränderten wirtschaftlichen und wirtschaftspolitischen Klima die Soziale Marktwirtschaft der beste Weg zur Überwindung dieser Krise ist.
Wo liegen denn die Ansatzpunkte, die uns – sprechen wir nur einmal von uns selber und nicht von den weltwirtschaftlichen Zusammenhängen, in denen wir unsere Situation natürlich auch zu sehen haben – in dieses Dilemma geführt haben?

Es waren die überzogenen Forderungen, die einige Bevölkerungsgruppen an die Wirtschaft gestellt haben. Man glaubte z. B. – auf Lohnkartelle abgestützt –, einen Umverteilungskampf führen zu können, ohne daß dadurch unsere Wettbewerbsfähigkeit im In- und Ausland leiden könnte. Man glaubte – so einige führende sozialdemokratische Funktionäre – die Wirtschaft einer Belastungsprobe unterziehen zu können, ohne daran zu denken, daß dadurch automatisch andere Komponenten aus der Balance geraten würden, beispielsweise die für uns so dringend notwendigen privaten Investitionen.

Wir sollten auch jene nicht vergessen, die mehr oder weniger heimlich mit der sogenannten Planifikation geliebäugelt haben, als sie in Frankreich Mode wurde. Da war endlich das richtige Schlagwort gefunden, denn Staatsplanungen, das kannten nur die kommunistischen Staaten – denen wollte man es nicht gleichtun, aber ein Hauch Staatsplanung – oder vielleicht mehr –, das schien mit der Sozialen Marktwirtschaft vereinbar, sie war sogar eintauschbar – das war der Stein der Weisen. Vielen Gewerkschaftsführern nehme ich solche Gedankengänge nicht übel. Denn sie haben nie wirklich Abschied genommen von den Ideen einer Planwirtschaft. Aber Menschen, die die freie Marktwirtschaft stolz als ihre Überzeugung verkaufen, sprechen irreführend von Feinsteuerung als geeignetem Mittel, um Probleme einzelner Branchen oder Regionen zu lösen. Sie sind damit schon dabei, die Soziale Marktwirtschaft von innen auszuhöhlen.

Aber es gab schon früher Beispiele, wie die Marktwirtschaft von innen aufgelöst worden ist. Ich muß allerdings zugeben, daß die Verantwortung dafür jeweils in anderen Kreisen gelegen hat.

Ich beginne mit der europäischen Landwirtschaftspolitik, die gedacht war als eine Art Speerspitze in Richtung eines gemeinsamen Europa. Diese Überlegung hat sich als falsch erwiesen. Dafür ist eine Politik der landwirtschaftlichen Planung ohne Beachtung des Marktes eingetreten wie in keinem anderen Wirtschaftszweig. Durch diese Absicherung der Produktion – ohne echte Risiken auf dem Markt – bringt diese Landwirtschaftspolitik Europa dazu noch ständig international auf die Anklagebank – nämlich als Angeklagten in Sachen Protektionismus. Diese Art, einen Sektor der Wirtschaft politisch zu hätscheln, hat zu den schwersten Krisen der Europäischen Gemeinschaft geführt.
Ich will nicht behaupten, daß die Bundesrepublik Deutschland von Anfang an der Haupttreiber dieser Politik war. Sie hat aber durch den Versuch, die Landwirtschaftspreise an die oberste Grenze zu bringen, diese Politik falsch angesetzt. Diese Politik ist heute ein Ärgernis für alle. Wenn aber ein so starker Wirtschaftszweig mit solchen Privilegien ausgestattet ein Leben neben der Marktwirtschaft her führt, muß dies für die Gesamtheit negative Konsequenzen haben. Diese Konsequenzen liegen nicht nur im Wirtschaftlichen – besonders stark in den Taschen des Konsumenten –, sondern sie zeigen sich auch für die Regierungen selbst, die seit Jahren an dieser verfehlten Politik zu knacken haben, die Europa ständig an den Rand von Krisen bringt.
Wie schon angedeutet, hat man Anfang der 50er Jahre die Bedeutung von Stahl und Kohle weit überschätzt. Die Überschätzung der Kohle, besonders als Absicherung gegen allfällige Energiekrisen, hat sich über Jahrzehnte fortgesetzt und gewann neuen Auftrieb durch die Ölkrise 1973. Heute

schon stehen wir wieder vor einer völlig veränderten Situation. Es ist verständlich, daß man nach den Erfahrungen des Oktobers 1973 eine nationale Energiereserve anlegen sollte, die von der Gesamtheit finanziert wird. Es geht aber nicht an, daß zu Lasten einzelner Verbraucher oder der Gesamtheit Wirtschaftszweige gezwungen werden, Kohle als Einsatzstoff zu verwenden, obwohl sie preislich über ihren Wettbewerbsprodukten liegt. Wir sollten auch nicht vergessen, daß nur ein leichtes Absinken der Ölpreise und der damit automatisch in Verbindung stehenden Gaspreise den deutschen Steinkohlenbergbau erneut vor eine schwere Krise stellen würde, nämlich die des Ertrages.

Schon heute produziert der Steinkohlenbergbau, da er sich auf Richtziffern verläßt, ähnlich wie die Landwirtschaft, am Markt vorbei. Das Resultat wird sein, daß wiederum mit dem Argument Sicherheit große Subventionen auf Dauer, und zwar auf erhöhtem Level, dem Bergbau zukommen werden, daß ferner durch den höheren Einsatz von Steinkohle Preiserhöhungen auf dem Energiesektor eintreten werden. Das Ergebnis wird eine weitere Verschlechterung der Standortqualität dieses Landes sein. Man vergißt bei allen Argumentationen für die Sicherheit, daß die deutsche Steinkohle die teuerste der Welt ist. Es muß einfach gefragt werden, ob die in der Vergangenheit in den verschiedensten Formen bezahlten Subventionen für die Kohle nicht sehr viel besser für die Sicherung unserer Energieversorgung an anderer Stelle eingesetzt worden wären.

Man muß also konstatieren, daß wir schon seit über zwei Jahrzehnten in zwei bedeutenden Erwerbszweigen antimarktwirtschaftliche Elemente mitschleppen, die uns in der

Vergangenheit große Schwierigkeiten wirtschaftlicher, z. T. auch politischer Art gemacht haben, die aber, wird diese Politik weitergeführt, uns noch größere Schwierigkeiten bringen werden. Man muß sich überlegen – obwohl ich persönlich pessimistisch bin, weil hier von den Parteien auf die damit verbundenen Wählerstimmen seit Jahrzehnten Rücksicht genommen wird –, wie man beide Branchen in ein mehr marktwirtschaftliches System bringt, in das sie ja eingebettet sind.

Die Autorin weiß aus eigener Erfahrung, daß zum Durchhalten am Prinzip der Sozialen Marktwirtschaft Fleiß, ordnungspolitisches Denken und Selbstdisziplin gehören, und zwar in erster Linie vom Staat, aber auch von den Unternehmern. Auch müssen die Gewerkschaften genannt werden. Aber hier werde ich zögernd – nicht etwa weil ich ihnen die obgenannten Eigenschaften nicht zuerkennen will, sondern weil sie sich oft nur halbherzig im System der Sozialen Marktwirtschaft bewegen.

Ich will nur einige Beispiele herausgreifen, an denen es sich zeigt, wie wenig die Gewerkschaften innerlich zu dem System stehen, unter dem sie die größten Erfolge für ihre Mitglieder erreicht haben, das Deutschland aus einem ökonomischen Habenichts zu einer der bedeutendsten Industrienationen gemacht hat.

Wie oft ist der DGB für das künstliche Niedrighalten der administrierten Preise eingetreten. Damit sollte das allgemeine Preisniveau niedrig gehalten werden, obwohl die Gewerkschaftsvertreter wußten, daß gerade bei den administrierten Preisen die Personalkosten, die sie selber hochtrieben, besonders hoch sind. Vom Stopp der administrierten

Preise zur Intervention bei den sich frei bildenden Preisen ist es nur ein kleiner Schritt. Genauso ist es mit der Forderung, die Zusammensetzung des Preises eines Produktes zu sezieren, diese zu veröffentlichen und damit Eingriffsmöglichkeiten in die freie Preisbildung zu erreichen. Daß gerade die Gewerkschaften angesichts der zunehmenden strukturellen Schwierigkeiten – heute vermischt mit einer echten Rezession – in steigendem Maße einer Feinsteuerung das Wort reden, paßt in dieses Bild.

Sie rufen auch nach einer internationalen Kontrolle der multinationalen Gesellschaften. Vordergründig wird diese Forderung abgeleitet aus der angeblich zu großen Macht dieser Gesellschaften, womit sie – wie behauptet wird – die Grenzen nationaler Autonomie und Souveränität sprengen und Gesetze der nationalen Staaten umgehen. Es ist fast rührend, zu beobachten, wie sehr die auf internationale Zusammenarbeit eingeschworenen Gewerkschaften sich wegen der grenzüberschreitenden Möglichkeiten der Multis plötzlich Sorgen um die nationale Souveränität machen. Statt den durch die Grenzüberschreitungen entstehenden zusätzlichen Wettbewerb zu begrüßen, werden die Multis angegriffen, weil sie zu Vorreitern der internationalen Arbeitsteilung geworden sind. Dabei darf nicht vergessen werden, daß sich diese Stellung aufgrund der Struktur der multinationalen Gesellschaften zwangsläufig ergeben mußte, daß diese Stellung keineswegs a priori angestrebt wurde, sich aber teilweise aus der Unentschlossenheit und Engstirnigkeit nationaler Regierungen zwangsläufig entwickelte.

Nicht die Ölgesellschaften waren es, die die Ölpreise verteuerten, sondern die ölproduzierenden Länder. Den Ölgesellschaften kann man allenfalls vorwerfen, sie hätten das Öl in den Entwicklungsländern zu billig – und zwar zu billig für diese Länder – ausgebeutet. Den Profit jedoch aus dieser Politik haben die belieferten Industrieländer gezogen, die damit auch für die Arbeiterschaft zu einem in der Geschichte noch nicht dagewesenen Lebensstandard in diesen Ländern beigetragen haben. Nein, die Forderung nach einer Kontrolle der multinationalen Gesellschaften hat einen viel tieferen Grund. Durch ihre grenzüberschreitende Tätigkeit könnten die Multis Staatsplanungen über den Haufen werfen, weil der Zwang vom Weltmarkt her für sie stärker ist als eine verplante nationale Wirtschaft.

Damit komme ich zu einem weiteren Beispiel: Wieso kann es in freien demokratischen Gewerkschaften überhaupt zu so heftigen Diskussionen über die allgemeine Investitionsplanung kommen, wenn die Soziale Marktwirtschaft für die Gewerkschaften genauso selbstverständlich wäre wie für jene, die sie mit allen Chancen und auch Risiken betreiben? Wenn auch das sogenannte Schlußkommuniqué der Gewerkschaften über diese Diskussion eine relativ lahme Ente war – Gott sei Dank, kann ich nur sagen –, so darf nicht vergessen werden, daß die Diskussion in den Einzelgewerkschaften weitergeht, insbesondere bei den Ideologen der IG Metall. Eine noch schwierigere Wirtschaftssituation wird diese Diskussion immer wieder hochbringen, weil einfach bei den Gewerkschaften die innere Bereitschaft zu einer Planwirtschaft größer ist als für ein System der freien Wirtschaft.

Auch wenn sich die Gewerkschaften heute bemühen, vom harten Begriff der Investitionslenkung wegzukommen, und

versuchen, die Investitionsanmeldung schmackhaft zu machen, dann fragt man sich: Warum eine Anmeldung der Investitionen, wenn diese Regelung nicht in allen westlichen Industrieländern eingeführt wird?
Eine Investitionsmeldestelle hätte ja nur dann einen Sinn, wenn damit Über- oder Unterkapazitäten verhindert werden können. Bei der heute schon vorhandenen intensiven internationalen Arbeitsteilung ist die Einführung einer Investitionsmeldestelle im nationalen Rahmen lächerlich, wenn man damit nicht andere als die angegebenen Ziele verfolgt. Mit einer Gängelung der Freiheit der individuellen Investitionsentscheidung ist auch das Ende der Marktwirtschaft erreicht. Ist die Investitionsanmeldung etwa nur der »Einstieg« in die Investitionskontrolle?
Wie soll eine verplante Wirtschaft – auf Basis falscher Prognosen – zu Entscheidungen kommen oder die getroffenen Fehlentscheidungen korrigieren? Auch die Korrekturen müssen wieder geplant werden – wahrscheinlich wieder auf Basis von zweifelhaften Prognosen. Gerade die letzten 24 Monate haben den Glanz und das Elend der Prognosen deutlich gezeigt.
Ein Blick über die Grenzen, zum Beispiel auf die sowjetische Landwirtschaft, jedoch zeigt, daß trotz 57jähriger Planwirtschaft die Landwirtschaft einfach nicht so leistungsfähig geworden ist und die Schwächen aufweist, die auch andere verplante Wirtschaften haben. Nur treten bei der Landwirtschaft die Schwächen einer verplanten Wirtschaft durch die viel zitierten und diskutierten Getreideeinkäufe besonders deutlich zutage. Die Nachteile im industriellen Sektor sind für den Außenstehenden schwerer erkennbar,

vielleicht noch nicht einmal für diejenigen, die an der Spitze solcher verbürokratisierter Gesellschaftssysteme stehen. Wer den Handel mit Ländern verplanter Wirtschaften kennt, erlebt die Folgen der Bürokratisierung nachhaltig und eindrucksvoll.

Damit noch ein Wort zur Außenwirtschaft:
Die Bundesrepublik Deutschland ist eines der außenhandelsabhängigsten Länder der Welt, und zwar nicht nur, weil Exportieren und Importieren eine Art Hobby für die Deutschen sind, oder, weil dies – wie bei den Engländern – mit einer langen kolonialen Tradition verknüpft, quasi zum täglichen Leben gehört. Der Zwang dazu kommt einfach daher, daß es für ein rohstoffarmes Land notwendig ist, Waren zu exportieren, um damit die Voraussetzungen für die notwendigen Importe zu schaffen. Es liegt auch an der geographischen Mittellage dieses Landes im Herzen Europas. Dies hat Ludwig Erhard in seiner ersten Amtszeit klar erkannt und sich völlig folgerichtig für die Liberalisierung der Importe, des Zahlungsverkehrs und für die Senkung der Zölle eingesetzt. Daß dazu viele Etappen notwendig waren, wie z. B. die Europäische Zahlungsunion, die OEEC, oder die großen Zollrunden, die oft nach Namen amerikanischer Präsidenten benannt wurden, zeigt deutlich den Kampf um den freien Welthandel, der zur Fortentwicklung der internationalen Arbeitsteilung unbedingt notwendig ist.
Ein Großteil unseres sogenannten Wohlstandes geht auf diese konsequente Politik zurück, die bisher alle Regierungen bis zum Jahre 1975 betrieben haben. Das heißt aber nicht, daß diese Politik nicht schon von Beginn an heftige

Gegner gefunden hätte und nicht manche Regierung gelegentlich zu partiellen oder temporären Rückfällen in den Dirigismus verführt hätte.
Hinzufügen muß man, daß im Rahmen der Europäischen Wirtschaftsgemeinschaft andere Länder, wie z. B. Frankreich und Italien, aus einer vermeintlichen Schwächeposition heraus sich intensiver gegen die Befreiung des Außenhandels von allen Fesseln gewehrt haben. Man soll aber dabei nicht vergessen, daß der Widerstand gegen diese liberale Politik aus allen Lagern kam. Gewisse ältere Institutionen haben am längsten gezögert, mit ihrem zunächst halbherzigen Ja zum frischen Wind in der Weltwirtschaft. Reste davon sind auch heute noch vorhanden, und hier neuerdings fast unter der Führerschaft der Gewerkschaften. Mit dem Vorwand, daß mit Dumping-Preisen der Markt kaputtgemacht und Arbeitsplätze zerstört würden, argumentiert man gegen die weitere Liberalisierung von Einfuhren aus den Staatshandelsländern und versucht, Einfluß auf die Regierung auszuüben, ohne dabei zu bedenken, daß manche deutsche Exporte in anderen Ländern mit ähnlichen Argumenten bekämpft werden könnten.
Wir sollten aber auch nicht vergessen, daß von 1949 bis heute keine Bundesregierung den Mut gehabt hat, Kohleeinfuhren in die Bundesrepublik zu liberalisieren. Das bezahlen – trotz des immer wieder angeführten Sicherheits-Argumentes – die von der Kohle abhängigen Unternehmen in Form von höheren Selbstkosten und Wettbewerbsnachteilen auf dem Weltmarkt.
Wir sollten auch nicht vergessen, daß die völlig nutzlosen Diskussionen um die Aufwertung der D-Mark im Jahre

1969 in Wirklichkeit nur eine andere Form des deutschen Protektionismus waren. Man glaubte damals an die Irrlehre, daß eine einmal festgesetzte Kursrelation die beste Sicherung deutscher Exporte bedeute. Man brauche auf seine eigenen Kosten nicht so sehr zu achten, um wettbewerbsfähig zu bleiben.

Die Diskussion über die Exportlastigkeit unserer Wirtschaft oder über die Unterstützung der Exportwirtschaft wird von immer den gleichen Leuten je nach Wirtschaftslage geführt. Die Bundesrepublik ist nicht exportlastig, sondern die Kapazitäten ihrer Industrie erzwingen einfach die Exporte. Und jene, die dann bei Nichtauslastung dieser Kapazitäten nach Hilfen für den Export rufen, müssen wissen, daß sie selbst durch vorausgegangene Investitionsentscheidungen dieses Risiko mit zu vertreten haben. Sie müssen aber auch wissen, daß, wenn die Bundesrepublik bei vergleichsweise hervorragender Devisensituation mit Subsidien für den Export anfängt, die anderen Länder dieses nicht unbeantwortet lassen werden.

Wir würden in diesem Augenblick einen Wettbewerb nicht um den Export, sondern um die Exportsubventionen eröffnen. Dabei würde die Bundesrepublik wegen des relativ hohen Exportanteils am Bruttosozialprodukt und der leeren Kassen der Öffentlichen Hand bestimmt den kürzeren ziehen.

Und so zwingen uns unsere geographische Lage, die politische Situation und der Zuschnitt unserer Wirtschaft vom Außenhandel her zur Durchführung einer liberalen Politik. Zum Glück, kann ich nur sagen, denn die vielen Ansätze, die es gegen diese Politik gegeben hat, zeigen deutlich, daß die latenten Kräfte gegen eine liberale Außenhandelspolitik in diesem Lande noch tiefe Wurzeln haben und eine ständige Bedrohung der Sozialen Marktwirtschaft sind.

Zurück zur Verfasserin: Sie tritt allen entgegen, die heute das Wort Marktwirtschaft oder Soziale Marktwirtschaft mit einem abschätzigen Lächeln kritisierend nennen. Sie will zu Recht keine Renaissance der Marktwirtschaft von Anfang dieses Jahrhunderts. Sie will aber in ihrem Buch deutlich machen, wo überall die Kräfte sind, die – obwohl sie sich zum Teil marktwirtschaftlich gebärden – die Marktwirtschaft in Wirklichkeit bereits vergessen haben. Sie spricht die anderen an, die nie viel von der Marktwirtschaft gehalten haben, aber heute, in der Phase der Rezession, glauben, die Schuld für die Rezession der Marktwirtschaft anlasten zu können. Andere sehen in der Zeit der wirtschaftlichen Krise ihre Sternstunde, um die Marktwirtschaft mit noch mehr Planwirtschaft zu verderben. Sie verkennen wahrscheinlich oder wollen gar nicht sehen, daß durch das Hereinbringen von planwirtschaftlichen Elementen die Marktwirtschaft in den vergangenen Jahren erheblich geschwächt worden ist. Das Hereinbringen planwirtschaftlicher Elemente ist zum Teil bewußt, zum Teil unbewußt sogar von Freunden der Marktwirtschaft erfolgt, vor allem von jenen, die die Wirkungen der Marktwirtschaft, als sie begannen, weh zu tun, durch planwirtschaftliche Elemente mildern wollten.
Mit anderen Worten, die Verfasserin ruft allen jenen ins Gedächtnis zurück, wo sie gesündigt haben, aber sie zeigt auch deutlich auf, wo die Kräfte stehen, die heute wahrscheinlich mehr aus politischen und ideologischen Gründen

die Marktwirtschaft ablehnen. Sie tritt deshalb für eine Fortführung, eine Modernisierung der Marktwirtschaft ein, insbesondere an der Grenzlinie zwischen Staat und freier Wirtschaft. Ohne daß man es allzusehr merkte, hat sich der Staat von Jahr zu Jahr mehr Raum angeeignet. – Der dem Staat zuwachsende Raum ist dem Privaten genommen worden. Aber gerade diese Räume, die heute von der Öffentlichen Hand verwaltet werden, sind jene, die heute die stärkste finanzielle Belastung verursachen. Ich denke nur an die enormen Defizite bei der Bundesbahn, für die nicht die Leitenden verantwortlich sind, sondern die Öffentliche Hand, die versucht hat, diesem Unternehmen öffentliche Leistungen unterzuschieben, und es dadurch an den Rand des Ruins bringt. Dann sind offene Subventionen besser. Dann soll man lieber klar sagen, wen man begünstigt. – Dann muß auch der Staat dafür einstehen, was er als Direktsubvention für die zu fördernden Kreise ausgibt. Und dann müssen sich diese Dinge auch dem Subventionsbericht öffnen.

Aber weiter. Es ist die große Frage, wie die Verfasserin mit Recht sagt, ob es nicht weite Bereiche gibt, die der Staat oder die Öffentliche Hand für sich in Anspruch nimmt, die wahrscheinlich besser privatwirtschaftlich ausgefüllt würden oder auch durch Organisationen, die dem Staat zwar gehören, die aber nach streng marktwirtschaftlichen Gesichtspunkten arbeiten. Ansätze in dieser Richtung gibt es schon bei Unternehmen, die tagtäglich mit anderen Unternehmen der Privatwirtschaft zu konkurrieren haben. Wenn es auch bis heute nicht ganz ausgetragen ist, ob diese Unternehmen nicht im entscheidenden Augenblick – ich

meine dann, wenn ein Krisenzustand eintritt – doch erheblich vom Staat gestützt würden, so kann man aber doch von ihnen sagen, daß sie sich bis jetzt – soweit sie unternehmerisch richtig besetzt waren – weitgehend dem marktwirtschaftlichen Geschehen gestellt haben.
Warum dies nicht noch in mehr Bereichen der Fall ist, wird hier von der Autorin mit Nachdruck gefragt. Wenn ich mich mit manchen Vorstellungen und Vorschlägen der Verfasserin nicht immer einverstanden erklären kann, weil sie auch noch einer tieferen Ergründung und weiteren Diskussion bedürfen, so kann man doch zu ihrer Überzeugung sagen, daß sie getragen wird von dem richtigen Grundsatz: Jeder, der Leistungen will, muß zunächst einmal selber Leistungen erbringen.
Und dieses Kapitel, in dem es darum geht, daß Leistungen nicht nur gefordert, sondern auch erbracht werden müssen, überschreibt die Verfasserin mit Recht »Es gibt kein Butterbrot umsonst«. Sollte das jemand in den letzten Jahren geglaubt haben, dann ist es höchste Zeit für ihn, sich der Realität zu stellen. Und ich glaube, daß dieses Buch gerade jene Kreise vielleicht nicht ansprechen wird, aber aufrütteln sollte, die aufgrund einer Erziehung in Watte durch den zunehmenden Sozialstaat nunmehr erkennen müssen, und ich wiederhole es hier: »Es gibt kein Butterbrot umsonst!«

Otto Wolff von Amerongen

I.
Weichenstellung damals

Woher wir kommen . . .

Wie nach langjähriger Ehe, in der sich die Partner immer weniger zu sagen haben, so hat sich heute das Verhältnis von Sozialer Marktwirtschaft und Öffentlichkeit auf ein ungeliebtes Nebeneinander abgekühlt. Dabei begann alles – vor mehr als fünfundzwanzig Jahren – leidenschaftlich, zwischen Unverständnis, Furcht und Hoffen, und letztlich doch so überzeugend durch seinen ungeahnten Erfolg.
Mit dem 20. Juni 1948 nahm die Soziale Marktwirtschaft ihren Anfang. Das war der Tag, an dem Ludwig Erhard in einem Überraschungscoup selbst die Verantwortung übernahm, flankierend zu der von den Besatzungsmächten vorgenommenen Währungsreform, die bisherige Wirtschaftsordnung von Grund auf zu ändern. Er befreite die Wirtschaft von den Fesseln der staatlichen Reglementierung, hob einen großen Teil der Bewirtschaftungsmaßnahmen, insbesondere den Preisstopp, auf, gab dem Markt seine Steuerungsfunktionen wieder zurück und schuf damit die Voraussetzung für den Neubeginn des Wirtschaftslebens.
Zugegeben, inmitten eines zerstörten und desorganisierten Deutschland, belastet mit Arbeitslosigkeit, Flüchtlingsströmen und verordneten Produktionseinschränkungen mußte es wie ein Vabanquespiel anmuten, ausgerechnet jetzt auf Marktkräfte und Wettberwerb zu setzen. Tatsächlich waren

dann auch die Widerstände groß, und auch die Kräfte, die den Ausweg aus dem Desaster allein in der zentralen Wirtschaftslenkung sahen. Zu lange hatte die Bevölkerung mit einer staatlichen Gängelung der Wirtschaft, mit Preisstopp, mit Vierjahresplänen, Erzeugungsschlachten und schließlich mit der totalen Lenkung in der Kriegswirtschaft leben müssen, um die Chancen der marktwirtschaftlichen Konzeption sofort zu verstehen. Und sicherlich wird es auch in der Wirtschaft selbst die Meinung gegeben haben, daß es sich unter dem Schirm staatlicher Lenkung unter Umständen leichter leben lasse als im harten Wettbewerb der Marktwirtschaft.

Das Ansehen der marktwirtschaftlichen Ordnung war seit der Weltwirtschaftskrise zerstört. In den langen Kriegsjahren und den notvollen Jahren danach war der Blick allein fixiert auf den Zwang, Planung und Lenkung zu verbessern. Weit verbreitet war die Auffassung, daß die Armut der Nachkriegszeit keine Freiheit in der Wahl des Wirtschaftssystems lasse. Und seitens der Besatzungsmächte wurde diese Ansicht noch unterstützt. Ihre ablehnende Haltung begleitete die Politik Erhards bis nach dem Korea-Boom. Dann konnten auch sie die Erfolge nicht länger mehr leugnen.

Dabei gab es ausreichend Erfahrungen mit der totalen Lenkungswirtschaft – im Ergebnis niederschmetternd, wirtschaftlich und sozial: allgemeiner Produktivitätsabfall, Fehlen eines auch nur annähernd zufriedenstellenden Konsumgüterangebotes sowie allgemeiner Preis- und Lohnstopp. Und die Verhinderung von Arbeitslosigkeit war mit sozialen Nachteilen teuer erkauft.

Und als die Bedingungen und Gesetze des Krieges nicht mehr galten, war nicht etwa der Nullpunkt erreicht. Vielmehr nahm der Niedergang der Wirtschaft bis 1948 eher noch zu. Das völlige Versagen der Bewirtschaftung wurde jetzt erst richtig offenkundig. Nur schwarzen und grauen Märkten, Naturaltausch und Kompensationsgeschäften – also einer Art Untergrund-Marktwirtschaft – war es zu verdanken, daß die Produktion nicht ganz zum Erliegen kam und daß nicht große Teile der Bevölkerung buchstäblich verhungerten.
Hervorragende Wirtschaftswissenschaftler, insbesondere der Freiburger Schule mit Walter Eucken an der Spitze, dazu Franz Böhm, Wilhelm Röpke, Ludwig Erhard, Alfred Müller-Armack, Alexander Rüstow und andere hatten schon zum Teil im Kriege mit der Entwicklung einer Alternative zur zentralen Planwirtschaft begonnen. Das Ergebnis war die »Soziale Marktwirtschaft«, ein Schritt weit über das hinaus, was als Kapitalismus, als liberale Wirtschaft dem 19. Jahrhundert angehört. Sicher: Der Wettbewerb übernimmt in diesem Konzept eine entscheidende Funktion. Aber – und das ist neu – das Prinzip der Sozialen Marktwirtschaft beschränkt sich nicht darauf. Es umfaßt zugleich die gesamte Wirtschaftspolitik, das soziale Leben und den Staat. Ausgestattet mit gesamtwirtschaftlichen Instrumenten der Konjunktur-, Beschäftigungs- und Wettbewerbspolitik verbindet es größtmögliche wirtschaftliche Freiheit mit auf Leistung sich gründender sozialer Gerechtigkeit. Damit wird die marktwirtschaftliche Ordnung zum Boden für die Freiheit einzelwirtschaftlicher Entscheidungen, für soziale Sicherungen, für die Marktkräfte und alles, was diese Kräfte

durchsetzen wollen: Veränderungen und Anpassungen – dies in einem ständigen, durch Preis- und Mengenveränderungen rechtzeitig signalisierten Prozeß.
Der Unterschied zwischen Wesen und Leistungskraft der Marktwirtschaft und dem völligen Versagen einer staatlichen Planwirtschaft läßt sich nicht anschaulicher und selten zeitlich so aneinandergerückt darstellen wie in den wenigen Monaten vor und nach jenem 20. Juni 1948. Die stagnierende industrielle Produktion, 1946 auf weniger als ein Drittel ihres Vorkriegsstandes abgesunken, stieg nun in einem von niemandem geahnten Ausmaß und Tempo. Allein in der zweiten Hälfte des Jahres 1948 nahm sie um rund 50% zu, und bis 1961 wurde sie bereits vervierfacht. Rund 90% der geltenden Preisvorschriften setzte man bereits im Juli 1948 außer Kraft, man hob den allgemeinen Preisstopp auf und schaffte die Rationierung ab. Dieser Schritt von der verwalteten Wirtschaft zur Marktwirtschaft setzte große Energien bei Arbeitnehmern und Unternehmern frei. Sie wollten jetzt mehr als zuvor arbeiten – für den Markt, und das brachte zugleich ein größeres Angebot, mehr Einkommen und bessere Versorgung.
Doch es gab schon zu Beginn Widersacher, die Unverständnis zeigten und Bedenken gegenüber einer modernen freiheitlichen und leistungsfähigen Wirtschaftsordnung geltend machten. Der Durchbruch in die Freiheit und zur Sozialen Marktwirtschaft mußte gegen harten Widerstand immer wieder aufs neue verteidigt werden. Preissteigerungen, hohe Arbeitslosigkeit und – sehr bald als Folge des Korea-Krieges – eine Kaufpsychose und kritische Devisenlage ließen Forderungen nach Bewirtschaftung und Preisstopp wieder

laut werden. In vielen Köpfen spukte immer noch der Gedanke an die Planwirtschaft in ihren verschiedenen Varianten.
Das zeigte sich vor allem in der Haltung der SPD, die damals im Wirtschaftsrat des vereinigten Wirtschaftsgebietes die Opposition bildete. Mit heftiger Kritik und Polemik hat sie die Erhardsche Politik und die marktwirtschaftliche Ordnung bekämpft und die hereinbrechende Katastrophe in den schwärzesten Farben an die Wand gemalt. Man wollte keine freie Preisbildung, man wollte zurück zu Verwendungskontrollen wenigstens jener Rohstoffe, die zur Herstellung lebenswichtiger Güter gebraucht werden. Damals zog Erhard durch die Lande, um die neue marktwirtschaftliche Ordnung zu erläutern. Bekannt wurden vor allem die Massenveranstaltungen in Frankfurt und in der Düsseldorfer Rheinhalle, in denen sich Erhard in Rededuellen seinem großen Widersacher, dem nordrhein-westfälischen Wirtschaftsminister Professor Nölting (SPD), stellte, der die allgemeine Volksverarmung und den Niedergang jeden Wirtschaftslebens als Folge Erhardscher Politik prophezeite.
Einen Höhepunkt erreichte der Kampf gegen die marktwirtschaftliche Ordnung, als Bundesvorstand und Beirat des Bizonalen Gewerkschaftsbundes am 12. November 1948 den Generalstreik gegen die Marktwirtschaft ausriefen. Sie verkündeten den Wirtschaftsnotstand und forderten die Einsetzung eines Preiskommissars mit außerordentlichen Vollmachten, staatliche Lenkung der Rohstoffe, Überwachung und Lenkung der Warenströme und anderes mehr. Mit dem Rückfall in Methoden der Zentralverwaltungswirt-

schaft glaubte man Preissteigerungen – gegenüber dem 1936 durch Preisstoppverordnung eingefrorenen Niveau – bekämpfen zu können, die sich zwangsläufig daraus ergeben mußten, daß bei der Währungsreform die Geldausstattung gegenüber den knappen Warenbeständen zu hoch ausgefallen war. So aber wurde ein Einpendeln der Preise unausweichlich. Und als in der Korea-Krise wiederum eine Preissteigerung als Folge der Verteuerung von Importen und umfangreichen Vorratskäufen eintrat, setzte erneut ein Kesseltreiben gegen die marktwirtschaftliche Ordnung ein. Dabei ist es ein Irrtum zu glauben, eine Anpassung an veränderte wirtschaftliche Bedingungen könne ohne irgendwelche Folgen stattfinden. Nur: In der Marktwirtschaft treten sie offen zutage, in der gelenkten Wirtschaft bleiben sie zunächst verdeckt.

Nachdem aber die wirtschaftlichen Erfolge und die Aufwärtsentwicklung in der Bundesrepublik nicht mehr geleugnet werden konnten, mußten andere, weniger unsachlich erscheinende Einwendungen dafür herhalten, um die Soziale Marktwirtschaft in Zweifel zu ziehen und ihre Erfolge zu schmälern.

Dazu gehörte vor allem die Behauptung, nicht die marktwirtschaftliche Ordnung habe den Aufschwung bewirkt, sondern die Währungsreform. Doch dieser Einwand ging fehl. Der Währungsschnitt allein hatte nur den gewaltigen Kaufkraftüberhang abbauen können, der infolge der durch den Preisstopp zurückgestauten Inflation aufgelaufen war. Das eigentliche Übel und die Ursache der Misere, nämlich die behördliche Zwangswirtschaft mit all ihren düsteren Begleiterscheinungen, wären durch eine Währungsreform

nicht beseitigt worden. Erst ihre Abschaffung hat den Weg frei gemacht für die Wiederherstellung eines funktionsfähigen Preis- und Marktmechanismus.
Nichts beweist diesen Zusammenhang besser als die Erfahrung in der damaligen sowjetischen Besatzungszone, wo man eine Währungsreform unter Beibehaltung der staatlichen Planwirtschaft durchführte. Neu war lediglich die D-Mark-Ost; geblieben aber waren Rationierung, Planung und Preiskontrollen. Und im Laufe der nächsten Jahre hat sich, bis heute, an dieser Grundkonstellation nichts Entscheidendes geändert. Die Planer diktieren, und notgedrungen gehorchen Produktionsleiter wie Verbraucher. Trotz geschlossener Märkte und eines sozialistischen Wettbewerbs und trotz einer vollständig dirigierten Wirtschaft gelingt es nicht, diese an den tatsächlichen Knappheitsverhältnissen vorbeizulenken. Lebensstandard, Volkseinkommen und Wirtschaftswachstum der DDR – keine dieser Größen hat sich im Laufe der Zeit auch nur in etwa so entwickelt, wie in der freien Wirtschaftsordnung der Bundesrepublik.
Die Behauptung schließlich, der Wiederaufbau der deutschen Wirtschaft sei im wesentlichen der ausländischen Finanzhilfe und hier vor allem der Hilfe aus dem Marshallplan zu verdanken, war ein weiterer Versuch, das Ansehen und die Erfolge der Sozialen Marktwirtschaft zu schwächen. Sicherlich hat die großzügige Hilfe der Vereinigten Staaten einen ganz bedeutenden Anteil an dem raschen Ingangkommen unseres Wirtschaftslebens gehabt. Ihre Initialzündung hätte aber bei weitem nicht das Ausmaß angenommen, wenn die Wirtschaft weiterhin unter dem Befehl der Len-

kungsbehörden und der Zwangswirtschft gehalten worden wäre. Als schlagenden Beweis dafür führte Professor Röpke damals den Umstand an, daß die Auslandshilfe vor der Währungs- und Wirtschaftsreform nicht wesentlich geringer gewesen sei als danach.

In Deutschland wurde die Frage, Soziale Marktwirtschaft oder Planwirtschaft, zum wirtschaftspolitischen und ideologischen Grundsatzstreit – ganz im Gegensatz zu den Ländern, bei denen – wie zum Beispiel in Belgien und in der Schweiz – die Entscheidung für eine marktwirtschaftliche Ordnung sachlich-technischer Natur war. Und auch Italien, das der Krieg nicht geschont hatte, vollzog unter Luigi Einaudi den Schritt zur Marktwirtschaft ohne langwierige Grundsatzdiskussion.

Hintergrund des ideologischen Streits in Deutschland war das Verhältnis von Staat und Marktwirtschaft. Es mußte nach dem Zweiten Weltkrieg und seinen politischen Folgen neu bestimmt werden. Der erfolgreiche Wiederaufbau und die ganz beträchtlichen sozialpolitischen Leistungen, insbesondere die Eingliederung von über 10 Millionen Vertriebenen und Flüchtlingen, die Schaffung von Wohnraum und der Lastenausgleich, haben die Entscheidung zugunsten der Sozialen Marktwirtschaft voll gerechtfertigt.

. . . und wo wir heute stehen

Heute, nach mehr als 25 Jahren Sozialer Marktwirtschaft sind die Widerstände gegen unsere Wirtschaftsordnung keineswegs verschwunden. Im Gegenteil: Die Front ihrer Widersacher scheint breiter geworden. Die Angriffe erfolgen auf unterschiedlichen, zum Teil neuen Ebenen. Und immer noch – oder schon wieder? – wird der Ladenhüter von der gelenkten Wirtschaft als die ideale Alternative hervorgeholt.

Die Entscheidung für die Soziale Marktwirtschaft – so wird zugegeben – sei zwar für die außerordentlich schwierige Aufbauzeit in den ersten Nachkriegsjahren das Gebot der Stunde gewesen. Sie habe es wohl auch vermocht, materiellen Reichtum und Wohlstand zu produzieren. Nur: ihn auch gerecht zu verteilen – wobei offenbleibt, was das heißt –, das sei ihr nicht gelungen. Der unbefriedigte Bedarf an gesellschaftspolitischen Reformen, sei es in der Sozial-, Bildungs- oder Umweltschutzpolitik, habe im übrigen gezeigt, daß die marktwirtschaftliche Ordnung nur sehr begrenzt auf gesellschaftliche Erwartungen und Notwendigkeiten reagieren könne.

Diese Vorwürfe zielen darauf, die Soziale Marktwirtschaft als Requisit einer bewältigten Vergangenheit ins Museum zu überweisen. Sie wird zu einer zeitbedingten und entwicklungsbezogenen Ordnung erklärt. Und zu allem Überfluß heftet man ihr das Etikett vom »Theoriedefizit« an: Das Konzept der Sozialen Marktwirtschaft lasse für Reformen nicht genügend Raum. Es biete keine überzeugenden Ansatzpunkte zur Lösung der künftigen Probleme. In dieser Situation wird je nach politischem Standort sofort nach »mehr Staat« oder gleich nach Sozialismus als der Alternative gerufen. Hier wird von der Allgewalt des Staates und seiner Weitsicht allein alles erwartet. Kritik aus dieser Richtung strebt letztlich ein System zentraler staatlicher Lenkung an, um einzelwirtschaftliche Entscheidungen und

die damit verbundenen Risiken für Fehlinvestitionen auszuschalten.
Die Marktwirtschaft und ihre Feinde – hierzu zählen nicht nur Weltverbesserer, Ideologen und vorprogrammierte Politiker. Feinde der Marktwirtschaft, oft ungewollt, finden sich auch in »den eigenen Reihen«, unter all denen, die als Unternehmer, Gewerkschaftler und Tarifpartner an wirtschaftlicher Freiheit vor allem interessiert bleiben müßten. Gerade von ihnen fordert die marktwirtschaftliche Ordnung Aktionsfähigkeit und vor allem Anpassungsbereitschaft. Das aber fällt schwer, wenn man sich »eingerichtet« hat. Dann ziehen sie es vor, den Staat um Schutz zu rufen, um Veränderungen zu unterbinden und bestehende Strukturen zu erhalten. Intervention – dazwischentreten – das ist die Forderung an den Staat. Für das Linsengericht der staatlichen Obhut wird das Erstgeburtsrecht der freien wirtschaftlichen Betätigung getauscht. Der Wettbewerb wird als Gefahr, als ruinös deklariert, obwohl gerade er der Motor für Veränderungen ist.
Der Staat seinerseits ist kein unbeirrbarer Vollzieher einer einmal getroffenen wirtschaftspolitischen Grundsatzentscheidung, bei uns zugunsten der Sozialen Marktwirtschaft. Für ihn, d. h. genauer: für die regierenden Parteien und die, die es werden wollen, wird der Tausch von Interventionszusagen gegen Wählerstimmen zu einem regelmäßig vor Wahlen wiederkehrenden Kalkül.
Auf diese Weise kommt es, auch ohne ideologische Beschleunigung, sehr bald zu einer Verschiebung des Verhältnisses von Staat und Marktwirtschaft, und man sollte sich darüber klar sein: zu Lasten der Marktwirtschaft. Das ist

kein Mangel des marktwirtschaftlichen Systems, wohl aber seiner Akteure. Und die Krise der Marktwirtschaft ist – in Anlehnung an eine Formulierung von Professor Giersch, ehemals Mitglied des Sachverständigenrates – nur eine Krise der Akteure, die eine andere Wirtschaftspolitik wollen, als sie die Marktwirtschaft braucht.

II.
Akteure der Sozialen Marktwirtschaft

Die Jahre bis 1969 werden heute oft als die Blütezeit der Sozialen Marktwirtschaft bezeichnet, weil sie die individuelle Freiheit und den materiellen Wohlstand des einzelnen begründet und gefestigt haben. Dabei wird leicht übersehen, daß schon in diesen Jahren der heute voll entbrannte Kampf um die Verteilung der gesellschaftlichen Ressourcen, um wirtschaftliche Macht und staatliche Kontrolle, vor allem aber um das Leitbild der Gesellschaft seinen Ausgangspunkt hatte. Die wirtschaftlichen Erfolge dieser Jahre haben überdeckt, daß Parteien- und Gruppeninteressen schon damals die Stabilität der marktwirtschaftlichen Ordnung gefährdet haben. So nahmen schon recht frühzeitig Entwicklungen ihren Anfang, die später und in zunehmendem Maße die Substanz und die Funktionsfähigkeit der Sozialen Marktwirtschaft erschüttern sollten.

Heute fragen wir uns, warum es damals, als doch die überwiegende Mehrzahl der Bürger gemeinsam am Wiederaufbau mitwirkte, nicht gelingen konnte, Einzel- und Gruppeninteressen in ein vernünftiges Verhältnis zu bringen. Akteure dieser die Marktwirtschaft gefährdenden Entwicklungen waren in erster Linie die politischen Parteien und die Sozialpartner. Sie haben am politischen Markt um Wähler- und Verbandsstimmen einen verhängnisvollen Wettbewerb entfacht. Es war dazu der Wettbewerb der Verbände, der Interessengruppen, der Vereinigungen um Subventionen

und Vergünstigungen, der den marktwirtschaftlichen Wettbewerb und zugleich das marktwirtschaftliche Ordnungssystem auszuhöhlen begann.
Hinzu kam, hervorgerufen durch die materiellen Erfolge des »Wirtschaftswunders«, die Indifferenz vieler Bürger gegenüber der Politik und dem Ordnungssystem der Sozialen Marktwirtschaft, die diesen Wiederaufbau erst ermöglicht hatte. Entscheidend jedoch dürfte gewesen sein, daß Regierung und die ihnen nachgeordnete Administration, daß Parteien und autonome Gruppen ihre Wächterfunktion nicht erfüllten. Nicht Koordinierung, Vorausschau und daraus folgend Korrektur gesamtwirtschaftlicher Daten, sondern der gruppenegoistische Wettbewerb untereinander verzehrte zunehmend die eigene Energie. Der Versuch Erhards, die Soziale Marktwirtschaft gesellschaftspolitisch durch eine »formierte Gesellschaft« abzusichern, zeigte eine Vorausahnung dieser Entwicklung, aber nicht ihre Lösung an.
Die Parteien waren zu dieser Zeit bereits der Versuchung erlegen, ihre Wähler mit dem Angebot zu verführen, ihnen Eigenverantwortung abzunehmen und ihr Leben bequemer zu gestalten. Die Bürger mußten glauben, sich in einer staatlich reglementierten Ordnung wohler fühlen zu können, als mit den Wechseln und Risiken der marktwirtschaftlichen Freiheit. Und so wurden die einmal geweckten Erwartungen der Wähler zum Führungsmittel, dem alle Parteien – wenn auch in unterschiedlicher Form und Stärke – verfielen.
Ein Blick auf die programmatischen Aussagen der Parteien und ihr tatsächliches politisches Handeln läßt erkennen, daß

Programm und Verwirklichung selten konsequent auf einen Nenner gebracht wurden. So haben CDU/FDP-Bundesregierungen sich immer zur Sozialen Marktwirtschaft bekannt, eindeutige marktkonforme ordnungspolitische Entscheidungen haben sie aber praktisch nur in den Bereichen getroffen, wo – wie im Außenwirtschaftssektor – nur kleine und kleinste Wählergruppen betroffen schienen. In der oft wahlentscheidenden Agrarpolitik griff man hingegen willig und allzu oft kritiklos zu dirigistischen Interventionen. Das politische Lebensmotto war und ist die nächste Wahl. Je direkter die Beziehung zwischen Gruppeninteressen und Wählerstimmen war, um so mehr standen marktwirtschaftliche Prinzipien in Gefahr, aufgeweicht oder aufgegeben zu werden.

Spielt Ahlen für die CDU noch eine Rolle?

In der Anfangsphase nach 1945 hatte der linke, sozialreformerische Flügel in der CDU Übergewicht. Das Ahlener Programm aus dem Jahr 1947 enthält eine scharfe Kritik des Kapitalismus und fordert eine gemeinwirtschaftliche Ordnung, die Vergesellschaftung, Vermögensverteilung und Mitbestimmung einschließt. Die Währungsreform von 1948 und die neoliberale Wirtschaftspolitik Erhards haben dagegen die konservativen Kräfte gestärkt und die Grundsätze der Sozialen Marktwirtschaft gefördert.
Die programmatische Umsetzung der als wegweisend erkannten Konzeption erfolgte in den Düsseldorfer Leitsätzen von 1949:
»Die Soziale Marktwirtschaft ist die sozial gebundene Ver-

fassung der gewerblichen Wirtschaft, in der die Leistung freier Menschen in eine Ordnung gebracht wird, die ein Höchstmaß an wirtschaftlichem Nutzen und sozialer Gerechtigkeit für alle erbringt. Diese Ordnung wird geschaffen durch Freiheit und Bindung, die durch echten Leistungswettbewerb und unabhängige Monopolkontrolle zum Ausdruck kommt.«

Die wirtschaftliche Blüte und die politische Stabilität in der Bundesrepublik verhinderten weitere programmatische Diskussionen. Vielmehr wurde die Soziale Marktwirtschaft immer mehr zu einem Markenartikel des Wahlkampfes hochstilisiert und 1953 im Hamburger Programm sowie im Hamburger Manifest von 1957 nur noch festgeschrieben – verbunden mit dem Versprechen, Wohlstand für alle zu schaffen.

Erst die Dortmunder Grundsatzentscheidungen von 1962 beinhalten die die Marktwirtschaft ergänzenden staatlichen Ordnungselemente. Das Selbstverständnis marktwirtschaftlicher Politik schien der Alltag zu beantworten. Sie wurde nicht neu begründet, ihre Plausibilität nicht erneuert, sie verschwand vielmehr unter der unendlichen Zahl pragmatischer Einzelfall-Lösungen. Die wiederholten Siege des politischen Alltags über die Prinzipien der Sozialen Marktwirtschaft stellten die Weichen für die Weiterentwicklung der CDU. Ähnlich wie die SPD 1959 in Godesberg versuchte die nunmehr in die Opposition gedrängte CDU 1973 auf ihrem Hamburger Parteitag Anschluß an die politischen Erfolgsthemen zu gewinnen. Die sozialliberale Koalition hatte mit vier Themen – Mitbestimmung, Vermögensbildung, Bodenrecht, berufliche Bildung – dazu noch versehen

mit dem Etikett einer Reformpolitik – den Wähler fasziniert. Der Versuch der CDU, hier eigene Akzente zu setzen, führte zu Kompromißbeschlüssen, die, wie das Godesberger Programm, bis heute interpretationsfähig sind. Statt dem Prinzip der Demokratisierung etwa die Grundsätze der freiheitlichen und sozialen Ordnung aktualisiert gegenüberzustellen, statt das Bewußtsein der Öffentlichkeit für die notwendige Mit- und Eigenverantwortung des einzelnen wieder zu wecken, wurde lediglich der Versuch unternommen, den überspannten Erwartungshorizont des Wählers nun auch seitens der CDU noch etwas höher zu ziehen.
1975 bekannte sich die CDU in Mannheim erneut zur Sozialen Marktwirtschaft. Nur die Funktionsfähigkeit dieser Wirtschaftsordnung könne, so hieß es dort, soziale Gerechtigkeit garantieren. Ging es dann aber ins Detail, so stand der Wunsch im Vordergrund, die soziale Sicherung des einzelnen noch stärker auf die staatliche Ebene zu verlagern. Sicherlich: Partnerrente und Erziehungsgeld sind attraktive Ideen. Aber: sie schließen in der Durchführung kollektive Lösungen nicht aus. Gemeinsam werden CDU und CSU in der Regierungsverantwortung beweisen müssen, daß sie ihre Programmatik nur mit marktkonformen Mitteln realisieren werden. Spätestens dann muß die Gratwanderung der CDU zwischen individueller und kollektiver Verantwortung ein endgültiges Ende finden.

Welche SPD glaubt an Bad Godesberg?

Ganz anders sieht es bei den Sozialdemokraten aus. Viele von ihnen befinden sich noch heute in einer Identitätskrise, weil sie es nicht schaffen, die Wirtschafts- und Sozialordnung der Sozialen Marktwirtschaft als die ihre zu begreifen und zu akzeptieren. Die SPD ist seit der Zeit des von Ferdinand Lassalle begründeten Allgemeinen Deutschen Arbeitervereins in ihren Programmaussagen und wirtschaftlichen Leitvorstellungen zur wirtschaftlichen Perspektive schwankend.

Bis zum Jahre 1959 schien die Sozialismustheorie frei nach Karl Marx verbindlich. Dann kam es zum Wandel, in erster Linie politisch-strategisch begründet: In der Epoche Konrad Adenauers, die mit der Sozialen Marktwirtschaft Wohlstand für alle brachte, während die Kommunisten dem anderen Teil Deutschlands ihre Planwirtschaft aufzwangen, konnte eine sozialismusgebundene SPD nicht auf die Wählermehrheit hoffen.

Mit dem Godesberger Programm überredete Herbert Wehner die Sozialdemokraten, dem Wunschbild des Sozialismus zu entsagen und die Partei als Reformator des bürgerlichen Staates auszuweisen. Auch in diesem Programm bleibt allerdings die Vertretung marxistischer Positionen noch möglich, der Marxismus verlor jedoch seine Funktion als maßgebliche theoretische Grundlage. Mit den neuen Maximen von Freiheit, Gerechtigkeit und Solidarität vollzog die SPD die Anpassung an die damalige politische Situation:

»Totalitäre Zwangswirtschaft zerstört die Freiheit. Deshalb bejaht die Sozialdemokratische Partei den freien Markt, wo immer wirklich Wettbewerb herrscht. Wo aber Märkte unter die Vorherrschaft von einzelnen oder von Gruppen geraten, bedarf es vielfältiger Maßnahmen, um die Freiheit in der Wirtschaft zu erhalten. Wettbewerb soweit wie möglich – Planung soweit wie nötig!«

Im Godesberger Programm steht aber auch folgende Passage:
»In der von Gewinn und Machtstreben bestimmten Wirtschaft und Gesellschaft sind Demokratie, soziale Sicherheit und freie Persönlichkeit gefährdet. Der demokratische Sozialismus erstrebt darum eine neue Wirtschafts- und Sozialordnung.«
Alle Bekenntnisse zum freien Wettbewerb, zur freien Unternehmerinitiative, zum freien Markt stehen immer unter dem ausdrücklichen Vorbehalt, daß wirklich Wettbewerb herrscht. Wo dieser fehlt, muß die staatliche Planung eingreifen – eine Konsequenz, die deshalb verblüfft, weil die Überlegung, daß eine Lösung auch durch mehr Wettbewerb gefunden werden könnte, gar nicht ernsthaft angestellt wird. So gehört es eben zur Dialektik von Godesberg, daß die SPD diese für die Anerkennung der genannten Freiheitswerte so wichtige Voraussetzung des Wettbewerbs weitgehend leugnet. Andererseits aber können die Forderungen nach Planwirtschaft oder nach Investitionslenkung aus diesem Programm ohne Umwege abgeleitet werden.
Der Godesberger Auftrag in dieser Richtung, der zugleich auch Raum für Konsumsteuerung oder Kreditkontrolle läßt, wird dann noch konkretisiert:
»Wirksame öffentliche Kontrolle muß Machtmißbrauch der Wirtschaft verhindern. Ihre wichtigsten Mittel sind Investitionskontrolle und Kontrolle marktbeherrschender Kräfte.«
Hier zeigt sich: Das Bemühen um ein demokratisch-sozialistisches Profil führt die SPD zwangsläufig dazu, sich auf wirtschaftliche Ordnungselemente zu beziehen, die das geltende System fundamental in Frage stellen.

Hat die FDP Freiburg vergessen?

Die FDP hat sich schon frühzeitig zur Marktwirtschaft bekannt und dieses besonders in ihrem Wahlprogramm 1953 verankert. Die liberale Auffassung betonte das Privateigentum und den Leistungswettbewerb. Gefordert wurde die Privatisierung industriellen Vermögens, die Rückkehr zum freien Außenhandel und eine europäische Wirtschafts- und Währungsunion.
Durch die Bildung einer großen Koalition in die Opposition gedrängt, bemühte sich die FDP um die Entwicklung eines modernen Liberalismus, der eine geistige Herausforderung sowohl für den überkommenen Konservatismus als auch für die zunehmenden sozialistischen Tendenzen werden sollte. Liberales Denken sollte sich nicht weiterhin auf Wirtschaftsliberalismus beschränken, vielmehr sollte das bestehende System durch Demokratisierung und größere Chancengleichheit verändert werden, wobei die Freiheit des Individuums als wichtiger angesehen wurde als kollektive Lösungen. Die FDP hat nie den Anspruch erhoben, Volkspartei zu sein. Sie konnte sich daher in ihren Aussagen sehr gezielt auf ihre speziellen Wählergruppen ausrichten. Das hinderte sie allerdings nicht daran, als Regierungspartei Entscheidungen mitzutragen, die mit ihren programmatischen Aussagen nicht in Übereinstimmung standen.
So steht im Berliner Programm von 1957:
»Der Staat soll sich auf die notwendigen Regierungs- und Verwaltungsaufgaben beschränken .... Die Gesetzesflut muß eingedämmt werden.«
Die Entwicklung der vergangenen Jahre, der sich immer

stärker ausbreitende Staat, beweisen, daß in der politischen Wirklichkeit genau das Gegenteil praktiziert wurde. Hilfe zur Selbsthilfe, Förderung der Unabhängigkeit der einzelnen von staatlichen und gesellschaftlichen Institutionen, haben in der von der FDP mitgetragenen Politik keinen Raum mehr. Raum ist in dieser Politik nur noch für das übermäßige Wachstum von Bürokratien und Funktionärsherrschaften.

Und daß das liberale Element immer dann zurückgenommen wird, wenn politische und taktische Überlegungen Vorrang haben, zeigte die FDP unverhohlen, als sie in diesen Tagen einer nicht-marktwirtschaftlichen Kohleregelung zustimmte, die deutlich den Wahlkampfstempel 1976 trägt.

Heute kann man sagen, daß die Freiburger Thesen von 1971 zum programmatischen Höhepunkt des »Sozialliberalismus«, zum »Ahlener Programm der FDP« geworden sind.

Die jüngste Rezession hat in der Regierungspraxis der FDP zu einer Korrektur der Freiburger Thesen geführt. Zumindest die Forderungen nach Einführung einer Nachlaßabgabe, einer Bodenwertzuwachssteuer und einer Zwangsgewinnabgabe haben momentan für die Partei nur noch Archivwert. Das liberale Gedankengut dient allenfalls noch der rhetorischen Distanzierung von der SPD. Aber eine Dauerbindung der FDP an die SPD kann nicht den Grundauffassungen einer liberalen Politik entsprechen. Diese Bindung führt dazu, daß liberale Progressivität nicht mehr in der Lage ist zu verhindern, sozialistische Ladenhüter wieder ins Schaufenster der Politik zu bringen. Die Eigenständigkeit der FDP als liberale Partei wird sich daran erweisen, ob sie in der Lage ist, im politischen Alltag der Zukunft das zu tun, was ihr in der Theorie bestätigt werden mag: im politischen Grundkonflikt zwischen Freiheit und Sozialismus eindeutig überzeugend und offensiv Stellung zu nehmen.

Sozialpartner und Wettbewerbskrieg

Im Rahmen der marktwirtschaftlichen Ordnung entfallen auf die gesellschaftlichen Gruppen wichtige Aufgaben. In keinem anderen System haben die Sozialpartner annähernd ähnliche Entfaltungsmöglichkeiten wie in der Sozialen Marktwirtschaft. Das Verhältnis der Sozialpartner zu den Parteien und umgekehrt ist vielschichtig. Daß aber zum Beispiel die Gewerkschaften ihr Tätigkeitsfeld nicht nur im vorpolitischen Raum sehen, wird schon aus folgender Erklärung des Deutschen Gewerkschaftsbundes (DGB) deutlich: »Der demokratische Sozialismus gehört zum geistigen Fundament der deutschen Einheitsgewerkschaften.« Damit wird die Nähe zur SPD offensichtlich. Wenn man die zahllosen personellen Verbindungen und Verzahnungen zwischen SPD und DGB betrachtet, weiß man, warum es eine parteipolitische Neutralität des DGB nicht geben kann und nicht gibt.
Im Verhältnis des DGB zur Sozialen Marktwirtschaft allerdings bestehen – anders als bei der SPD – gewisse Unterschiede. Es hat niemals ein Godesberg des DGB gegeben. Der DGB hat nicht einmal den Versuch unternommen, das System der Sozialen Marktwirtschaft voll zu akzeptieren. Es hat im Gegenteil, wie schon erwähnt, erbitterte Kämpfe des

DGB gegen die marktwirtschaftliche Ordnung gegeben. Und daß der Kampfeswille – so gesehen – bis heute ungebrochen ist, zeigt im Grunde genommen auch die Forderung nach Feinsteuerung und Investitionslenkung.

Anders die Unternehmer, die die Marktwirtschaft vornehmlich als Hort der unternehmerischen Freiheit betrachten. Um so erschreckender ist es, daß sie sich in kritischen Phasen immer wieder als einen besonders schutzwürdigen Teil der Sozialen Marktwirtschaft empfunden und besondere Fürsorge ausgerechnet seitens des Staates verlangt haben. Heute scheinen sich jene Unternehmer zu mehren, die des Konkurrenzkampfes müde sind und sich nach mehr Sicherheit bis hin zur sozialen Sicherheit sehnen – leider auch dadurch motiviert, daß sie sich in das immer größere Netz der sozialen Sicherheit, das der Staat über sie ausdehnt, retten können.

Schon früh hat die unternehmerische Seite zu erkennen gegeben, daß ihr in kritischen Phasen das eigenwirtschaftliche Hemd näher sitzt als der ordnungspolitische Rock. Nur so ist der sogenannte siebenjährige Wettbewerbskrieg zu verstehen. Er war ein besonders eklatanter Stoß gegen die marktwirtschaftliche Ordnung. Die Verabschiedung des Gesetzes gegen Wettbewerbsbeschränkungen (GWB) sollte der entscheidende Schritt für die Gestaltung eines staatlichen Ordnungsrahmens für den Wettbewerb werden. Das GWB war nicht nur zwischen den Parteien, sondern auch zwischen den Sozialpartnern umstritten, die im Laufe der erbitterten Diskussionen mehr als einmal ihre systemstabilisierende Ordnungsfunktion in Frage stellten.

Die Unternehmer, denen in der Sozialen Marktwirtschaft

sowohl die Freiheit, als auch die Selbstverantwortung übertragen sind, haderten, weil sie auf eine bequeme Freiheit, die Kartellabsprachen, verzichten sollten. Für die Gewerkschaften war Wettbewerb insofern suspekt, als eine wie immer angenommene Ungleichheit Voraussetzung für ein Wettbewerbssystem ist. Ihr Weg zur totalen Gleichheit ging doch davon aus, daß der Staat es in der Hand haben müßte, die entscheidenden Daten über die ganze Breite der Wirtschafts- und Finanzpolitik bis ins Detail so zu setzen, daß das Verhalten der wirtschaftenden Menschen – notfalls sogar gegen ihren Willen – zu einem vom Staat fixierten Ziel gelenkt werden könnte.
Das Kartellgesetz von 1957 wurde zum Symbol für einen lauen Kompromiß. Es enthält ein politisches Bekenntnis zugunsten offener Märkte und der Beschränkung wirtschaftlicher Macht. Vollzogen wurde dieses Bekenntnis aber nur teilweise. Denn das Gesetz enthält zwar folgerichtig ein Kartellverbot. Es setzt also nicht erst bei Mißbrauch von wirtschaftlicher Macht ein. Nur: Eine Vielzahl von Ausnahmen durchlöcherte eben dieses Verbot. So bleibt von der politischen Zielsetzung, der Sozialen Marktwirtschaft ein wirtschaftliches »Grundgesetz« zu geben, nur ein Torso. Und wenn Erhard bitter resignierte: »Ich stehe allein«, so beklagte er sich damit über die geringe Unterstützung seiner Wettbewerbsvorstellungen gerade durch die Wirtschaft. Es war der in aller Öffentlichkeit ausgetragene Wettbewerbskrieg zwischen Ludwig Erhard und dem Präsidenten des Bundesverbandes der Deutschen Industrie (BDI), Fritz Berg, der die Glaubwürdigkeit der Verfechter der Marktwirtschaft angeschlagen hat. Denn Fritz Berg war

es, der ein Kartellverbot energisch bekämpfte und nur bereit war, dem Staat das Recht zuzubilligen, Mißbräuche zu verbieten und zu ahnden. So schmolz die Treue der Unternehmer zur Sozialen Marktwirtschaft dahin, als es in dieser Bewährungsprobe darum ging, einen zukunftsweisenden eigenen Beitrag zu leisten.

Auch die Gewerkschaften hatten in diesen Jahren begonnen, ihr Fundament für eine weit ausgreifende Machtposition zu Lasten der Marktwirtschaft kräftig aufzubauen. Ein wichtiger Grundstein dazu war das neue Prinzip der Einheitsgewerkschaft. Es spiegelte den Wunsch nach Gemeinsamkeit der Arbeitnehmer innerhalb eines Wirtschaftszweiges wider – einleuchtend nach den unguten Erfahrungen der Weimarer Zeit mit rivalisierenden und gegeneinander stehenden Richtungsgewerkschaften, vor allem aber mit der dann folgenden unterschiedslosen Verfolgung in den Hitlerjahren. Dieses Fundament war zunächst »neutral«: Es konnte den Gewerkschaften Mitverantwortung für die gesamtwirtschaftliche Entwicklung verleihen, ganz im Sinne etwa des ersten DGB-Chefs Hans Böckler. Und es konnte die Grundlage für eine Machtentfaltung sein, die jene Mitverantwortung leugnet, um ungehemmt gruppenegoistische Ziele zu verfolgen.

Hatte man in der Wettbewerbspolitik viele Ausnahmen zugelassen, so stellte der Arbeitsmarkt einen Ausnahmebereich ohne Beispiel dar. Und doch: Bei vollgenutzter Tarifautonomie stiegen die Löhne, ohne daß der Hebel des Arbeitskampfes ernsthaft eingesetzt worden wäre. Hier hat das zunehmende Vertrauen der Arbeitnehmer und mancher Gewerkschaftsführer in die Soziale Marktwirtschaft entscheidend zur sozialen Stabilisierung beigetragen. Wenn demgegenüber heute oft behauptet wird, die Gewerkschaften hätten zu dieser Zeit wegen Arbeitslosigkeit, Flüchtlingszustrom und leeren Gewerkschaftskassen überhaupt nicht anders handeln können, sie seien schwach und machtlos gewesen, so widerspricht dem doch, daß es ihnen gerade in dieser Zeit gelang, wichtige Mitbestimmungserfolge zu erreichen. Außerdem müßte der Beweis erst noch erbracht werden, daß Gewerkschaften wegen Arbeitslosigkeit auf Lohnkämpfe verzichten würden!

Als Verlockung, die Gewerkschaftsmacht nicht der gesamtwirtschaftlichen Einsicht, sondern egoistischen Zielen oft einzelner Industriegewerkschaften unterzuordnen, hat dann schließlich ein neues Datum, die staatliche Vollbeschäftigungsgarantie, gewirkt. Dieses Postulat konnte nur durchgehalten werden, wenn es, wie die neue Wirtschaftsordnung, ebenfalls mit der gesamtwirtschaftlichen Verantwortung aller Beteiligten – der Arbeitnehmer, der Gewerkschaften, der Unternehmer und des Staates – hätte rechnen können. Das aber war, wie die folgenden Jahre zeigten, eine große Fehlspekulation.

Seit der Ölkrise von 1973 haben wir eine einzigartige Parallele: Gewerkschaften und OPEC-Kartell. Sie ist nicht mehr hinwegzuwischen. Fast zwangsläufig, aus der aktuellen Situation, wurden die Gewerkschaften hier, die OPEC-Länder dort, veranlaßt, ihre Machtposition zu zeigen, indem sie ihr Angebot Schlag auf Schlag verteuerten. Vom kurzfristigen Ziel des Eigennutzes aus gesehen hatten die Gewerkschaften wie die Rohölländer – jeder zu seiner Zeit – ihre Macht und damit ihre Chance erkannt. Notgedrungen ha-

ben sich daraufhin die Volkswirtschaften auf die Bedeutung verteuerter Arbeitskraft und teueren Rohöls eingestellt.
Am vorläufigen Ende dieser Entwicklung verstärkt sich der Eindruck, daß einige OPEC-Staaten im vorausschauenden Eigeninteresse vor neuen überhöhten Preisforderungen zurückschrecken. Bei den Gewerkschaften hingegen scheint man kaum erkannt zu haben, daß Höchstforderungen eben kein Mehr an sozialer Gerechtigkeit bewirken, sondern umgekehrt zunehmend Arbeitsplätze gefährden. Für diese Politik haben die Gewerkschaften in der Vergangenheit viel emotionalen Beifall eingeheimst.
Folge war letztlich ein Verteilungskampf, bei dem in der dünnen Luft der Inflation den Kämpfenden der Atem ausging: Steigende inflationierte Einkommen, teurere Rohstoffe und Vollbeschäftigung bei absinkendem Wachstum, das hält die beste Volkswirtschaft nicht durch. Unversehens war die deutsche Volkswirtschaft mit ihrem inzwischen installierten Verteilungskampf zwischen Arbeitnehmer, Unternehmer und Staat in den neuen Sog des internationalen Verteilungskampfes geraten. Jetzt wollen auch die Rohölländer, als Vierter im Bunde, partizipieren, und das nicht zu knapp. Aber keine unserer Parteien, allen voran die sozialliberale Koalition, hat in dieser Zeit den Mut gehabt, Politik und Erwartungen auf diese neue Situation vorzubereiten. Verteilungskampf ohne Einsicht in das wirtschaftlich Mögliche mußte zur Interessenpolitik auf Biegen und Brechen werden. Und so wurde der Jahresanfang 1974 mit den ÖTV-Forderungen und -drohungen des Herrn Kluncker zum Beginn einer zwangsläufigen Entwicklung. Der Weg in die schwerste Wirtschaftskrise der Nachkriegszeit war vorgezeichnet.

III.
Soziale Marktwirtschaft im politischen Alltag

Man hat die Jahre zwischen 1948 und 1960 als erste Phase der Sozialen Marktwirtschaft bezeichnet. Kräftiges Wirtschaftswachstum, steigende Einkommen und die Bewältigung großer sozialer Probleme – das waren die überragenden äußeren Kennzeichen dieser erfolgreichen Periode. Der Außenhandel erreichte sehr schnell enorme Zuwachsraten, die D-Mark wurde schon bald zu einer international begehrten Währung, und in der Bundesrepublik begann man, sich an die Selbstverständlichkeit eines »Wirtschaftswunders« zu gewöhnen.

Es ist oft und von vielen darüber nachgedacht worden, ob diese Entwicklung wirklich ein Wunder war, oder ob es nicht einfach durch das mehr oder weniger zufällige Zusammentreffen recht verschiedener Ursachen erklärt werden kann. Diese Fragen und Überlegungen können an einer Tatsache nicht vorbei: Die Entscheidung für die Soziale Marktwirtschaft war bewußt erfolgt. Und die neue Konzeption hatte nicht nur Fuß gefaßt, sie war auch – das Kennzeichen für die innere Verfassung dieser Jahre – zum Leitmotiv einer auf Ausweitung der marktwirtschaftlichen Ordnung angelegten Wirtschaftspolitik geworden. Dabei war es ihr gelungen, Marktgeschehen, Gesellschaft und Staat bei ihrem gemeinsamen Wunsch nach Wiederaufbau miteinander in ein verträgliches Verhältnis zu bringen. Diese Zeit hat ihr Spiegelbild am Arbeitsmarkt. Nur selten kam es zu Arbeitskämpfen. Die internationale Streikbilanz ist dafür ein überzeugender Beleg.

Der wirtschaftspolitische Alltag der Nachkriegszeit ließ in vielen Bereichen zunächst noch mehr Interventionismus als Marktwirtschaft erkennen. Das war zum Beispiel der Fall im Außenhandel, der in den ersten fünf Jahren völlig vom Dirigismus beherrscht war. Das galt aber auch ebenso für die Wohnungswirtschaft mit ihren vor allem nachkriegsbedingten Schwierigkeiten, für den Kapitalmarkt, für den Verkehrssektor und für die Landwirtschaft. Entscheidend jedoch war, daß sich die Wirtschaftspolitik auch in diesen Bereichen nach dem Grundsatz ausrichtete, trotz aller staatlichen Eingriffe die Funktionsweise des Marktes nicht gänzlich auszuschalten. Es sollte das Gegenteil erreicht werden; den Markt erhalten und nach Möglichkeit noch ausbauen.

Weil dieser Grundsatz der Marktkonformität für die allgemeine Wirtschaftspolitik jener Jahre so maßgebend war, haben staatliche Eingriffe die Funktionsfähigkeit der Marktwirtschaft nicht ernsthaft beeinträchtigen können. Und auch die aktive Sozialpolitik bedeutete keine Einschränkung der Marktwirtschaft. Sie war im Gegenteil Wesensinhalt der Sozialen Marktwirtschaft, also systemgerecht und systemimmanent – und das nicht nur von der Konzeption, sondern auch von ihrem Ausmaß her. Die Aufwendungen für sozialpolitische Interventionen – in dieser Zeit bis zu 40% des Bundeshaushalts – verloren dabei nicht ihren Bezug zur Leistungsfähigkeit der marktwirtschaftlich organisierten Wirtschaft.

In jener ersten Phase der Sozialen Marktwirtschaft wurden Wirtschaftsbereiche, die noch nicht in die Marktwirtschaft einbezogen waren, Zug um Zug dem frischen Wind des Wettbewerbs ausgesetzt, selbst Bereiche, die dafür zunächst denkbar ungeeignet schienen:

Zum Beispiel der Wohnungsmarkt

Die vorhandene Wohnungssubstanz, als Folge der seit dem Ersten Weltkrieg anhaltenden Wohnungszwangswirtschaft ohnehin nicht im besten Zustand, war durch Luftangriffe um etwa 20%, in manchen Städten sogar zu über 50% reduziert, während Millionen von Heimatvertriebenen, Flüchtlingen und Evakuierten nach Wohnraum suchten. Eine sofortige Aufhebung der Wohnungszwangswirtschaft war angesichts dieser Versorgungslage nicht zu verantworten. Sie hätte zu unerträglichen sozialen Spannungen geführt.
Es gehört zu den ganz großen politischen Leistungen der Nachkriegszeit, daß die damaligen Regierungen ihre Politik dennoch zielstrebig auf die Aufhebung der Wohnungszwangswirtschaft und die Einfügung des Wohnungsmarktes in die Soziale Marktwirtschaft ausgerichtet haben.
Diese Wohnungspolitik nützte von vornherein die hohe Leistungsfähigkeit der aufstrebenden Marktwirtschaft. Sie setzte mit erheblichen öffentlichen Subventionen die Produktion von Sozialwohnungen in Gang, die bereits im Jahre 1951 die stattliche Marke von 300 000 Einheiten im Jahr erreichte, diese bis zum Ende des Jahrzehnts in etwa beibehielt, so daß insgesamt rund 3 Millionen Sozialwohnungen vorhanden waren. Sie unterlagen ebenso wie der 1949 vorhandene sogenannte Althausbestand der Wohnraumbewirtschaftung und der Mietpreisbindung. Außerhalb des

öffentlich geförderten Bereichs gebaute Wohnungen wurden von solchen Bindungen freigestellt. Das zog weiteres privates Kapital auf den Wohnungsmarkt, so daß sich das gesamte Wohnungsbauvolumen in dieser Zeit auf 550 000 bis 600 000 Wohnungseinheiten einpendelte. Hieraus entstand zunächst ein bescheidener freier Wohnungsmarkt.
In nur einem Jahrzehnt wurden 5 Millionen Wohnungen gebaut, der Bestand um 50% auf 15 Millionen erhöht, die dringendste Wohnungsnot behoben. Die weiterhin hohe Neubautätigkeit versprach eine volle Bedarfsdeckung für die nächsten Jahre. Damit waren die Voraussetzungen für eine allgemeine Liberalisierung des Wohnungsmarktes gegeben. Sie erfolgte dann auch mit dem Gesetz über den Abbau der Wohnungszwangswirtschaft und über ein soziales Miet- und Wohnrecht von 1960. Das als Lücke-Plan bekannte Gesetz sah die stufenweise Aufhebung der vierzig Jahre alten Wohnungszwangswirtschaft bis Mitte der 60er Jahre vor. Für eine Übergangszeit wurden Mieterhöhungen auf einen bestimmten Prozentsatz begrenzt, was in der Praxis aber ziemlich locker gehandhabt werden konnte. Beibehalten wurde die Mietpreisbindung für Sozialwohnungen, etwa ein Drittel aller Mietwohnungen. Von deren niedrigen Mieten wurden preisregulierende Wirkungen auf die ortsüblichen Marktmieten erwartet. Außerdem sollten diese billigen Wohnungen vorrangig der einkommensschwachen Bevölkerung zukommen. Als flankierende sozialpolitische Maßnahme wurde zudem das Wohngeld eingeführt. Die Mietpreisbindung für die letzten »schwarzen Kreise« blieb zunächst für einige Großstädte noch erhalten, wurde aber schließlich doch beseitigt.

Mit der Großen Koalition 1966 begann sich jedoch eine Tendenzwende in der marktwirtschaftlich orientierten Wohnungspolitik abzuzeichnen. Inzwischen waren weitere 5 Millionen Wohnungen gebaut und der Wohnungsbestand in knapp 20 Jahren verdoppelt worden, so daß ca. 20 Millionen Wohnungen zur Verfügung standen. Dennoch tauchte im Ressortbericht von 1968 die Behauptung auf, die Wohnungsnot sei noch nicht behoben. Die Experten hatten regionale und soziale Disparitäten entdeckt, die noch heute die soziale Wohnungsbaupolitik weitgehend bestimmen. Damit leitete schon die Große Koalition eine neue Wohnungspolitik ein.

Der sozialliberalen Koalition blieb es vorbehalten, die in Gang gekommene Liberalisierung wieder rückgängig zu machen. Die beiden wichtigsten Neuregelungen sind die Neugestaltung des Kündigungsschutzes mit der faktischen Wirkung eines Dauerwohnrechts und die Ablösung der freien Marktmiete durch die Vergleichsmiete. Die zunächst auf drei Jahre bemessenen Beschränkungen wurden damals unter anderem damit begründet, daß es für die völlige Befreiung des Wohnungsmarktes auch eines ausreichenden Überangebotes bedürfe. Diese Argumentation ist angesichts der gegenwärtigen Wohnungshalden recht interessant. Davon war nämlich bei der 1974 erfolgten Umwandlung der neuen Errungenschaften in ein Dauerrecht schon nichts mehr zu hören.

Als verhängnisvollste Entliberalisierungsmaßnahme erweist sich die Abkehr von dem Teil des Lücke-Plans, der den sozialen Wohnungsbestand den einkommensschwachen Bevölkerungskreisen vorbehalten wollte. Die in regelmäßigen Abständen aufkommende Diskussion über die Fehlbelegung der Sozialwohnungen – Anfang der 70er Jahre war fast die Hälfte der Sozialwohnungen von Haushalten bewohnt, deren Einkommen über den Berechtigungsgrenzen lagen – hatte 1974 zur Folge, daß mit den Stimmen aller Parteien die Einkommensgrenzen in etwa verdoppelt wurden. Damit sind etwa 80% aller Haushalte sozialwohnungsberechtigt.

Bereits Ende der fünfziger Jahre hatte Bundesminister Lücke darauf hingewiesen, daß die hohe finanzielle Belastung der öffentlichen Hand – bis 1958 waren schon 30 Milliarden D-Mark Subventionen für den sozialen Wohnungsbau aufgewendet worden – auf die Dauer untragbar sei und lediglich für echte Notzeiten verantwortet werden könne. Der danach mäßig reduzierte soziale Wohnungsbau behielt gegen Ende der 60er Jahre dennoch ein trotz der Krise der Staatsfinanzen von 1965/66 stattliches Volumen von 180 000 Einheiten bei. Seitdem befindet er sich in einer permanenten Finanzierungskrise. Da aus den öffentlichen Haushalten trotz verringerter Bauleistung die erforderlichen Kredite immer weniger bereitgestellt werden konnten, wurde im steigenden Maße mit Zinssubventionen gefördert. Das entlastete die Haushalte kurzfristig, war aber ein problematischer Wechsel auf die Zukunft. Diese Finanzierung bindet die Haushalte langfristig, und die Belastungen wachsen von Jahr zu Jahr kumulativ an. Sie förderte zudem die Inflation, die ihrerseits den Wohnungsbau verteuert und wiederum das Subventionsvolumen aufbläht.

Die Aufhebung der Wohnungszwangswirtschaft hat in den 60er Jahren zu der zu erwartenden Anhebung der Altbaumieten geführt und die heute noch in Gang befindliche Modernisierungswelle ausgelöst. Aus der marktmäßigen Verbindung der freien Neubauwohnungen mit dem Althausbestand entstand bis zum Ende jenes Jahrzehnts ein großer funktionsfähiger Markt mit Wohnungen von unterschiedlichem Alter und unterschiedlicher Qualität, der spätere Mietsteigerungen in sozial vertretbaren Grenzen hielt. Die öffentliche Diskussion über überhöhte Mieten orientierte sich an Einzelfällen und den Spitzenmieten der Neubauten.

Der Versuch, die in hohem Maße inflationsbedingte Steigerung der freien Marktmieten mit Hilfe der Vergleichsmieten zu bremsen, war ein gefährlicher Rückfall. Die Vergleichsmiete ist zwar rechtlich kein Preisstopp, sie hat aber ohne Zweifel preisstoppähnliche Wirkungen. Zumindest auf längere Sicht führt sie zu den gleichen Ergebnissen wie die frühere Mietpreisbindung. Sie trägt heute maßgeblich dazu bei, daß die vorhandenen Wohnungshalden nicht vorübergehend zu günstigeren Mieten vermittelt werden. Ein Eigentümer, der das tut, läuft Gefahr, daß er die Miete später nicht mehr auf das Niveau des Neubaumarktes anheben kann, weil eine Kündigung zum Zweck der Mietanhebung nach den neuen Schutzbestimmungen nicht möglich ist. Darüber hinaus tendiert die Vergleichsmiete auf lange Sicht zur Kostenunterdeckung, weil bestimmte, den Eigentümer treffende Kostenerhöhungen eine Mietanhebung nicht rechtfertigen dürfen.

Ein eigenes Kapitel sind die Mieten im sozialen Wohnungsbau. Mit der Aufhebung der Wohnungszwangswirtschaft hatte man bewußt die Marktspaltung zwischen dem freien

Markt und dem weiterhin der Preisbindung unterliegenden »Markt« für die Sozialwohnungen in Kauf genommen. Lange Zeit lagen die freien Mieten für gleichwertige Wohnungen fast doppelt so hoch wie die Sozialmieten. Heute jedoch ergeben sich Steigerungen der Sozialmieten, die einige Jahre vorher im Zusammenhang mit der Aufhebung der Wohnungszwangswirtschaft bei geringerem Umfang als Wucher verurteilt worden waren. Spitzenmieten des sozialen Wohnungsbaus geraten bereits in den Bereich der freien Wohnungsmieten. Und in manchen Gebieten übersteigen sie bereits die Marktmieten.

Ursache ist im wesentlichen, daß die Sozialwohnungsmieten Kostenmieten, also durch die im Einzelfall entstehenden Bau- und Finanzierungskosten bestimmt sind. Wäre man seinerzeit dem Lücke-Plan gefolgt, hätte man die billigen Sozialwohnungen den wirklich bedürftigen Haushalten vorbehalten. Damit wäre auch der Übergang zu erfolgreichen Individualsubventionen in Gang gesetzt. Der damals angestrebten marktwirtschaftlich orientierten Wohnungspolitik wäre das heutige Fiasko des Wohnungsbaus erspart geblieben.

Im politischen Raum zeichnen sich neue konzeptionelle Vorstellungen noch nicht ab. Es wird eine Wohnwertmiete diskutiert und überlegt, wie man die in den Sozialwohnungen gebundenen Milliarden wieder mobilisieren kann. Es gibt auch Anzeichen dafür, daß sich die ausgabefreudige soziale Wohnungspolitik vom teueren Neubau etwas entfernt und ihre Segnungen mehr der Modernisierung zuwendet. Dabei ist ein marktwirtschaftliches Konzept den politischen Kreisen heute ferner denn je. Das vorläufige Ende der

Marktwirtschaft für den Wohnungssektor brachte die Bundestagsentscheidung von 1974 über die Anhebung der Einkommensgrenzen für Sozialwohnungen, die praktisch jedermann zum Besitz einer Sozialwohnung berechtigt – es sei denn, die Inflation ist schneller als die Anpassung der Einkommensgrenzen.
Die Motive für die großen wohnungspolitischen Entscheidungen der letzten Jahre, die alle Parteien mitverantwortet haben, sind nicht recht erkennbar. Es spricht manches dafür, daß die große Politik die Spezialisten der Wohnungspolitik, zu denen auch eine starke Gruppe von Sozialpolitikern gehört, zu lange sich selbst überlassen hat. Den Wohnungspolitikern, die vielfach auch Pfründen in der Wohnungswirtschaft haben, mag man zugestehen, daß sie ihr Metier hochhalten wollen. Was ist das aber für eine Sozialpolitik, die jedermann den Zugriff auf Sozialwohnungen gestattet. Das führt unvermeidlich dazu, daß für einen großen Teil der wirklich einkommensschwachen Bevölkerungskreise die Chance minimiert wird, die für sie notwendigen billigen Wohnungen zu erhalten.

Bodenmarkt und Planung

Befreiung von der Zwangswirtschaft brachten die Nachkriegsjahre auch für den Bodenmarkt. Mit dem Bundesbaugesetz von 1960 wurde hier denselben liberalen Tendenzen, wie sie anfangs in der Wohnungsbaupolitik herrschten, Raum gegeben. Es befreite den Bodenverkehr von der Zwangswirtschaft, übertrug die Preisbildung dem Markt und schrieb für Entschädigungsleistungen das Verkehrswertprinzip vor. Auf der anderen Seite konkretisierte dieses Gesetz die Sozialbindung des Bodeneigentums, indem es die Planung und Ordnung der städtebaulichen Entwicklung einer hoheitlichen Planung überantwortete. Sie ist verantwortlich für Art und Ausmaß der zulässigen Nutzung von Grundstücken.

Die Befreiung des Bodenmarktes von der Zwangswirtschaft war im Jahre 1960 mehr ein formaler Akt. Denn in der stürmischen Entwicklung der vorausgegangenen 10 Jahre war die Preisbindung bereits zusammengebrochen. Schon in diesem Zeitraum, aber auch in dem Jahrzehnt nach Aufhebung der Preisbindung sind die Bodenpreise kräftig gestiegen. Die neue Rentabilität des Wohnungssektors im Zuge der Aufhebung der Wohnungszwangswirtschaft hat jedoch zusätzliche Preissteigerungswirkungen ausgelöst. Inzwischen ist der durch die jahrzehntelange Zwangswirtschaft stark beeinflußte Anpassungsprozeß abgeschlossen. Der Preismechanismus hat begonnen, auf dem Bodenmarkt zu wirken.

Das Bundesbaugesetz von 1960 ist die erste bundeseinheitliche Rahmenregelung für die städtebauliche Entwicklung. Seine Entstehung hat eine lange Vorgeschichte, die bis zum preußischen Allgemeinen Landrecht von 1794 zurückreicht. Die bauliche Nutzung von Grundstücken ist hierbei schon lange Gegenstand mäßiger staatlicher Reglementierung gewesen. Mit dem neuen Gesetz sollte die rege Bau- und speziell die Wohnungsbautätigkeit in einen größeren städtebaulichen und raumordnerischen Rahmen gestellt werden.

Die Bauleitplanung des Bundesgesetzes ist mehr als bloß ein

datensetzender Ordnungsrahmen. Das zeigt sich deutlich an dem Verfahren der Bauleitplanung selbst. In seiner ersten Stufe, dem Flächennutzungsplan, regelt es die Flächennutzung des gesamten Gemeindegebietes in allgemeiner Form. Und mit Hilfe der Bebauungspläne, der zweiten Stufe, werden dann Art und Ausmaß der zulässigen baulichen Nutzung für kleinere Baugebiete verbindlich festgelegt. Diese Planung beschränkt den Baulandmarkt auf einen Teil des Gemeindegebietes und überträgt die »Produktion« von Neubauland der Gemeinde als Monopol. Das Angebot an Neubauland kann damit nicht mehr automatisch auf Marktsignale reagieren, sondern es ist von politischen Entscheidungen der Gemeinde abhängig. Durch die Festlegung sowohl der Art der Nutzung als auch ihres unterschiedlichen Maßes wird der Baulandmarkt darüber hinaus in eine Reihe von Teilmärkten aufgeteilt.

Die Anforderungen an die Bauleitplanung nach dem Bundesbaugesetz sind hoch. Sie muß den aus den wirtschaftlichen und sozialen Entwicklungstrends sich ergebenden Bodenbedarf frühzeitig zum Ausdruck bringen. Entsprechende Flächenausweisungen müssen vorgenommen werden, und dabei sind alle öffentlichen und privaten Belange untereinander und gegeneinander abzuwägen. Aus diesem Grunde ist die Bauleitplanung mit einem ziemlich ausgewogenen System von Abstimmungen, Mitwirkungen, Beteiligungen und Genehmigungen ausgestattet.

Eine Reihe von Gemeinden hat mit diesem Instrumentarium gute Planungsarbeit geleistet. Aber nach fünfzehnjähriger Praxis zeigt dieses System auch Schwächen und Grenzen. So haben manche Gemeinden ihre Planungspflichten

verletzt und notwendige Planungen unterlassen – das »Frankfurter Westend« wurde dafür ein Begriff.
Viele Gemeinden sind von der Größe dieser Planungsaufgabe überfordert. Erstaunlicherweise gilt das nicht einmal so sehr für kleinere Gemeinden, sondern eher für die großen, weil die Probleme der städtebaulichen Entwicklung mit der Größe der Gemeinde wachsen und immer weniger überschaubar werden. Und dann kommt hinzu, daß sich das Tempo der wirtschaftlichen, sozialen und technologischen Entwicklung der letzten Jahrzehnte beschleunigt hat, so daß auch realistische Zielvorstellungen für den Städtebau nach schon recht kurzer Zeit wieder überholt waren.
Verschärft wird diese anhaltende Unsicherheit über langfristige Entwicklungsziele noch dadurch, daß auf schlichten Wunschvorstellungen beruhende Ideologien in solche Zielvorgaben eingehen. Dann kommt es zu der regelrechten Zielumkehrung: autogerechte Stadt gestern – Verdrängung des Autos aus der Stadt heute; absolute Priorität der öffentlichen Verkehrsmittel hier – wachsende Defizite für öffentliche Verkehrsmittel und Neuorientierung zum Auto dort. Oder: Wohnen im Grünen – Wohnen in den Innenstädten; Flächensanierung mit Vernichtung alter Bausubstanz jetzt – Erhaltungs- und Modernisierungsgebote später. Aber damit nicht genug: Es fehlt auch die begleitende Finanzplanung zur Sicherung der erforderlichen Infrastruktur. Überdies fällt es immer wieder schwer, die Tätigkeit der vielen für die Stadtentwicklung wichtigen kommunalen Ämter zu koordinieren – ganz zu schweigen von der Zusammenarbeit über die Gemeindegrenzen hinweg!
Lange Zeit schien die Öffentlichkeit nur Schattenseiten

dieser Bodenordnung zu sehen. Spekulationsgewinne, Fehlnutzung von Grundstücken, Vermögensakkumulation und ohnmächtige Planungsinstanzen – alles zusammen ergab die Vision von der Unwirtlichkeit der Städte. Die Erwartungen in die Leistungsfähigkeit der Bauleitplanung als städtebaulicher Entwicklungsplanung waren zu hoch. Das liegt an der grundsätzlichen Schwäche solcher Planung: Hier fehlt ein planungsspezifischer Maßstab für eine optimale Bodenverwendung. Insoweit bindet das Bundesbaugesetz mit Recht die Planung an die aus den Marktkräften sich ergebenden Entwicklungen. Nur reicht dies für eine optimale Bodennutzung ebenfalls nicht aus. In die Bodenpreise gehen nämlich erhebliche finanzielle Aufwendungen für die Grundausstattung mit Infrastruktur nicht ein. Diese Investitionen ermöglichen vielfach erst die vorgesehenen Nutzungen an den jeweiligen Standorten – sei es als Industriebetriebe oder als Wohngebiete. Bodenpreise, die die Kosten für solche Infrastrukturinvestitionen nicht enthalten, setzen den Gemeinden und deren Planern falsche Signale. Das hat nichts damit zu tun, daß Planfestsetzungen von dem ökonomischen Optimum abweichen dürfen, wenn Zielen der Daseinsvorsorge ein höherer Rang eingeräumt werden soll. Nur müssen dann die zusätzlichen Kosten, bedingt durch eben diese Abweichungen, als besondere soziale Kosten in die Preisbildung am Bodenmarkt eingehen.
Ein weiterer Gesichtspunkt ergibt sich aus den »Nutzungsverdrängungen«. Sie treten vor allem dann auf, wenn die Planung, welche die Bodennutzung einschränkt, versäumt, für die »verdrängte« Nutzung ausreichende Flächen an geeigneten Standorten auszuweisen. Ein Beispiel: Ursache

für die Verdrängung der Wohnbevölkerung aus den Innenstädten waren in den letzten Jahren insbesondere die Ziele der Stadtentwicklung selbst. Danach sollte das Wohnen im Grünen, also im Stadtumlandbereich, Vorrang haben. Darüber hinaus war dafür auch die Wohnungszwangswirtschaft verantwortlich, weil sie die Wohnungsnutzung, gerade in der Form der innerstädtischen Mietwohnungen, künstlich zu einer unterlegenen städtischen Nutzungsform gemacht hatte.

Es zeigt sich: Nicht der Marktmechanismus schafft die Probleme – er zeigt sie nur an. Verantwortlich für übersteigerte Entwicklungen am Bodenmarkt sind vielmehr Unvollkommenheiten in der Konstruktion des Bodenmarktes – siehe fehlender Einbau von Infrastrukturkosten – und Schwächen von Planung und politischen Zielvorgaben. Auch ein System zentraler Planung käme nicht daran vorbei, Maßstäbe für die optimale Bodennutzung vorzugeben und Kosten der Infrastruktur den jeweiligen Nutzungen zuzuordnen.

Was aber geschieht, um die Unvollkommenheiten am Bodenmarkt zu beseitigen? Leider zielen – ähnlich wie am Wohnungsmarkt – die Reformbestrebungen genau in die falsche Richtung: Bodenreform durch mehr Planungsdirigismus. Denn mit dem Städtebauförderungsgesetz von 1971 setzt sich erstmals für bestimmte städtebauliche Teilbereiche eine Bodenordnung durch, die die Marktkräfte weitgehend ausschaltet und der Planung Priorität einräumt. Stand bei der Bauleitplanung die Sicherung des Plans im Vordergrund, so ist es jetzt die Durchsetzung des Plans. Denn nun ist es möglich, die Bodeneigentümer zu zwingen, die zur

Verwirklichung der geplanten Nutzungen erforderlichen Investitionen auch tatsächlich vorzunehmen. Zudem hat für diesen Teilbereich der Planungswertausgleich erstmals eine Mehrheit gefunden, die ihm im Rahmen des Bundesbaugesetzes von 1960 noch verweigert worden war.
Wie die Entliberalisierung des Wohnungsmarktes, so zeichnete sich auch diese Tendenz schon während der Großen Koalition ab, wenn sie sich auch unter Minister Lauritzen erst in der sozialliberalen Koalition durchgesetzt hat. Ob diese Tendenzumkehr von allen Akteuren wirklich erkannt und bewußt angestrebt worden ist, bleibt offen. Denn viele Befürworter des Städtebauförderungsgesetzes wollten den Gemeinden durch die im Gesetz vorgesehenen Bundes- und Landesfördermittel lediglich zusätzliche Finanzquellen erschließen. Dafür haben sie dann den Planungswertausgleich mit in Kauf genommen. Der Planungswertausgleich bringt aber die erhofften Millionen nach der eingetretenen Marktberuhigung nicht mehr ein. Der Ausbau neuer Stadtteile gehört der Vergangenheit an, und selbst Sanierungsprojekte kommen wegen der Wohnungsbaumisere nicht voran.
Das entscheidende Merkmal des einst als Jahrhundertgesetz gefeierten Städtebauförderungsgesetzes liegt heute darin, daß mit diesem Gesetz der erste Schritt zu einer durch Planungsmacht bestimmten Bodenordnung getan worden ist. Es fällt auf, daß die Bundesregierung schon seit Jahren ständig wiederholt, daß die guten Erfahrungen mit dem Städtebauförderungsgesetz es rechtfertigen, das neue Planungsinstrumentarium in das allgemeine Bauplanungsrecht zu übertragen. Demgegenüber heißt es von seiten der Gemeinden, daß mit dem bodenrechtlichen Instrumenta-

rium nennenswerte Erfahrungen nicht vorliegen und schon gar nicht mit dem Planungswertausgleich. Wer sich davon überzeugen lassen möchte, der lese den Städtebaubericht 1975 des Bundesministers für Raumordnung, Bauwesen und Städtebau. Es fällt weiterhin auf, daß die Bundesregierung weitere Reformschritte damit begründet, daß viele Regelungen des Städtebauförderungsgesetzes zu einer Disparität in der städtebaulichen Rechtsordnung geführt hätten, die aus den verschiedensten Gründen nicht hingenommen werden könnten. Wohin will die Bundesregierung ihre Reformschritte lenken? Will sie letztlich doch die Kommunalisierung des Bodens oder zumindest die völlige Verfügungsmacht der Gemeinden über den Boden?

Der Regierungsentwurf eines Gesetzes zur Änderung des Bundesbaugesetzes von 1974 will die rahmensetzende liberale Bauleitplanung des Bundesbaugesetzes ablösen. Die Gemeinde soll die Nutzungen nach einem übergeordneten Interesse der Stadtentwicklung künftig viel konkreter als bisher vorschreiben, wobei selbst Festsetzungen für einzelne Geschosse zulässig werden sollen.

Der Regierungsentwurf führt zu einem eindeutigen Übergewicht der planenden Verwaltung über die Interessen der Bürger. Diese Tendenz folgt vor allem daraus, daß Träger dieser Bodenreformideen über alle politischen Parteien hinweg in hohem Maße die kommunalen Planer einschließlich der politischen Entscheidungsträger sind. Es ist sicher auch kein Zufall, daß aus diesen Kreisen keine Vorschläge zur Verbesserung der Bodenordnung über den Marktmechanismus kommen. Es liegt nahe, daß die Planung zu einer Ordnung tendiert, in der sie selbst die Ziele für ihre Tätigkeit fixieren kann.

Agrarpolitik

Agrarpolitik und Soziale Marktwirtschaft – das ist ein besonderes Kapitel. Die Anfänge der Agrarpolitik reichen zurück in das vorige Jahrhundert, als der Agrarprotektionismus in Deutschland »entdeckt«, ausgebaut und mit Vollendung praktiziert wurde. Doch diese Perspektive spielte bei der Wirtschafts- und Währungsreform von 1948 keine Rolle. Es galt allein, die Hungersnot zu lindern. Die heimische Produktion von Nahrungsmitteln, jetzt ohne die Landwirtschaft der Ostgebiete, war viel zu gering. Die Weltmarktpreise lagen meist über dem Inlandspreisniveau, und für Auslandskäufe fehlten die Devisen. Nicht Agrar-, sondern Ernährungspolitik war das Gebot der Stunde. Es ist dann in den darauffolgenden Jahren gelungen, durch Improvisation, durch staatlich kontrollierte Agrarpreise und durch die Tätigkeit der 1950/51 gegründeten Einfuhr- und Vorratsstellen für eine ganze Reihe agrarischer Produkte die Versorgung der Bevölkerung zu sichern und zu verbessern.

Diese Jahre der Improvisation hatten sehr schnell dazu geführt, die Landwirtschaft zunehmend wieder zu einem Betätigungsfeld für staatliche Interventionen, Subventionen und Manipulationen werden zu lassen. Und es drohte die Gefahr, daß sich wiederholte, was schon jahrzehntelang für die Entwicklung dieses Sektors typisch war: Protektionistische Maßnahmen des Staates aus aktueller Notsituation – sie lösten das heimische Preis- und Kostenniveau von dem des Weltmarktes – wurden ihrerseits zur Ursache für neuen und weitergreifenden Protektionismus.

Nach dem Ende des Koreabooms waren die Agrarpreise in der Welt wieder gesunken. Die Konkurrenzfähigkeit und die Produktionsweise der deutschen Landwirtschaft waren in Frage gestellt – und zugleich auch die Ziele der deutschen Agrarpolitik. Würde sie auch jetzt noch, wie in der Vergangenheit, Schutzpolitik für Tradition und nur schrittweisen Fortschritt sein können angesichts eines alle anderen Wirtschaftsbereiche erfassenden stürmischen Aufwärtsgangs? Vor allem aber: Es gab noch ein neues Moment, die Forderung der Bauernverbände nach »Parität«. Die landwirtschaftlichen Einkommen sollten mit der allgemeinen Einkommensentwicklung Schritt halten.
In dieser entscheidenden Phase hat der politische Wille zur Marktwirtschaft Spuren auch in der Agrarpolitik hinterlassen – wie wir heute wissen, Spuren, die keiner mehr kennt. Das Landwirtschaftsgesetz von 1955 gab der Agrarpolitik eine wettbewerbsorientierte Zielvorgabe. Danach sollte die deutsche Landwirtschaft auf den begünstigten Erzeugungsgebieten international wettbewerbsfähig werden. Zunächst hatte dieses Gesetz eine enorme Erhöhung der staatlichen Förderungsmittel zur Folge. Mit ihnen sollten die privaten Entscheidungen der Bauern beeinflußt werden, sei es, daß sie der Produktionsverbesserung, der Flurbereinigung oder der Aussiedlung dienten.
Allerdings stand die aus diesem Gesetz abgeleitete Agrarpolitik unter dem ständigen Druck der politisch handelnden Akteure. Die in seinem Paragraphen 1 enthaltene Zusage, daß die soziale Lage der in der Landwirtschaft tätigen Menschen an die vergleichbarer Berufsgruppen angeglichen werden soll, war der sofort genutzte Hebelpunkt für die sehr

aktive Interessenvertretung der Landwirte. Sie forderte lautstark weitere Unterstützungen und Erhöhung der Preise. Der mit äußerstem Nachdruck verlangte Rücktritt des damaligen Landwirtschaftsministers Lübke oder der Ende 1955 vom Landesverband Niedersachsen durchgeführte Kaufstreik der Bauernschaft unterstreicht die Massivität der Forderungen. Im politischen Alltag geriet die Agrarpolitik sehr bald in die Zerreißprobe zwischen sehr gegensätzliche Ziele: Fortsetzung des Protektionismus, also Widerstand gegen die Dynamik der Marktwirtschaft, und Verwirklichung der Paritätsforderung.

Es kann aber nicht übersehen werden, daß es seit Mitte der fünfziger Jahre trotz allem zu einer – wie es einmal genannt wurde – wahren »Agrarrevolution« gekommen ist: kräftige Erhöhung der Arbeitsproduktivität, Änderung der Technik zugunsten von mehr Motoren und Maschinen, zugleich aber auch Abwanderung landwirtschaftlicher Arbeitskräfte in die Industrie trotz immer noch wachsender Bevölkerung.

Der ständige Widerstreit der Meinungen und Forderungen bekam mit der Gründung der Europäischen Wirtschaftsgemeinschaft 1957 eine neue Dimension. Jetzt wurden die Folgen der nachgiebigen Politik für alle offenbar. Die deutsche Landwirtschaft spürte mit einem Mal, wie sehr sie neuen und stark veränderten Wettbewerbsverhältnissen auf dem europäischen Markt ausgesetzt war.

Wie man sich dieser Herausforderung stellen wollte, veranschaulicht nahezu exemplarisch das Bekenntnis des damaligen Staatssekretärs Sonnemann: »Wir können es uns einfach nicht leisten, Agrarpolitik mit dem ökonomischen Verstande zu betreiben.« Ihm waren Vorbereitung und

Führung der Verhandlungen in Brüssel übertragen – und er sollte recht behalten. Der ökonomische Verstand, oft nur Spuren der Marktwirtschaft, blieb außerhalb des Systems, das heute mit Hilfe von Hochpreisreglementierungen – verordnete Festpreise, Richtpreise, Schwellenpreise und Interventionspreise –, die durch »Abschöpfungen« nach außen und durch Marktinterventionen im Innern abgestützt sind, perfektionistisch arbeitet. Schwachstelle des Systems ist der Preis. Er wird durch politische Gremien festgesetzt, und tatsächlich wird er als grobes Mittel der Einkommenspolitik zugunsten der Landwirtschaft mißbraucht. Seine eigentliche Funktion, den Ausgleich zwischen Angebot und Nachfrage herzustellen, ist vergessen. Über das Ergebnis dieses perfektionistischen Protektionismus regt sich heute kaum noch jemand auf: Überschußproduktion am Markt vorbei, Verteuerung der Agrarprodukte, ungeheure Belastung der öffentlichen Haushalte und Störung der Agrarweltmärkte durch Dumpingexporte und Abschirmung der Importe. Diese Politik ist ein Störfaktor bei den Bemühungen um eine bessere Weltwirtschaftsordnung, weil sie nachgerade dazu zwingt, am Markt vorbeizuproduzieren. Neuester Beweis: die Entdeckung von Milchpulvergebirgen! Um sie dann wieder abzutragen, ist weiterer Zwang vonnöten – in Form des vorgesehenen Beimischungszwangs zu Futtermitteln.

Energiepolitik

Energiepolitik ist in Deutschland auch und immer wieder Kohlepolitik gewesen. Und so schwarz wie die Kohle, so

dunkel hebt sich die Kohlepolitik von einer marktwirtschaftlich ausgerichteten Energiepolitik ab. Schon Ende des vorigen Jahrhunderts hatte man – durch Gründung des Rheinisch-Westfälischen Kohlesyndikats – dem Wettbewerb praktisch jede Bedeutung genommen. Und die Wirtschaftspolitik nach dem Zweiten Weltkrieg ist dieser »Tradition« treu geblieben. »Macher« dieser Art von Wirtschaftspolitik waren hier beim Namen genannt: Besatzungsmächte, Bundesregierung, Zechengesellschaften und Bergarbeitergewerkschaft. Wenn aber so viele Akteure in der Energiepolitik einig waren, gab es dann nicht auch sehr gewichtige Gründe für das Abgehen vom Pfad der marktwirtschaftlichen Tugend?
Einigkeit bestand in den drei großen Zielen der Energiepolitik:
1. Übereinstimmung von Energiepolitik und allgemeiner Wirtschaftspolitik,
2. billiges Energieangebot und
3. sichere Energieversorgung.

Rückschauend erweist sich das allzu wörtlich verstandene Ziel, Energie vor allem billig anzubieten, als der entscheidende ordnungspolitische Fehler. Hier liegen die Gründe für die jahrelange Misere des Steinkohlenbergbaus, für das Mißverhältnis von Energiepolitik und Wirtschaftspolitik und für die Fehldeutung dessen, was als Versorgungssicherheit proklamiert wird.
Die kohlen- und energiepolitischen Entscheidungen seit dem Kriegsende folgten, so könnte man glauben, den Anweisungen eines Rezeptbuches für den Interventionismus.

Billige Energieversorgung heißt wörtlich genommen niedriger Preis für Energie. Und genau so begann die Interventionskette: Der Preis der deutschen Kohle wurde künstlich niedrig gehalten. Einnahmeverluste des Bergbaus waren die Folge. Zum Ausgleich erhielt er direkte Subventionen, dazu Steuer- und Kreditsubventionen. Aus dem Montanunion-Vertrag von 1952 war der Bergbau verpflichtet, allen Verbrauchern der Montanunion die Kohle zum gleichen Preis zu verkaufen. Diese Regel nannte man Diskriminierungsverbot. Die deutsche Kohle mußte also allen Partnern ebenfalls »billig« angeboten werden. Es setzte ein Run auf deutsche Kohle ein. Jetzt wurden Liefer- und Verteilungspläne notwendig. Und um einem Mangel vorzubeugen, suchten sich große deutsche Kohlenverbraucher im Ausland zu versorgen. Die USA waren zur Lieferung bereit. Einfuhrverträge kamen zum Abschluß, umfangreiche und – um die Kosten der Seefahrt zu senken – auch langfristige. Die Mangelsituation hatte sich sehr schnell zur Kohlenschwemme gewandelt. Die erste Kohlenkrise war da – das war 1957/58. Verschärft wurde sie durch das stetige Vordringen des Heizöls, das die Mineralölindustrie zunehmend importierte.
Die Kohlenkrise war in Wirklichkeit eine Krise der bisherigen Energiepolitik. Aber anstatt den Marktkräften zu vertrauen – sie signalisierten Rückgang des Marktanteils für deutsche Kohle – und dementsprechend eine Politik zu beginnen, die den strukturellen Wandel begleitete, wirtschaftliche und soziale Härten milderte und vorausschauend Energie- mit Wirtschaftspolitik in Übereinstimmung brachte, wurde diese Chance vertan. Unter dem Druck der

Zechengesellschaften und der Bergarbeitergewerkschaft entschied sich die Bundesregierung für weitere Interventionen: Einfuhrvertragsstopp, Schutzzoll und Mengenkontingente für Kohleimporte, Frachthilfe für Kohletransporte in revierferne Gebiete, Absatzförderung durch Haldenverlagerung. Hinzu kamen eine zunächst auf drei Jahre begrenzte Heizölsteuer, eine als Selbstbeschränkung der Mineralölwirtschaft ausgegebene Mengenregulierung, eine Lizenzpflicht für Ölimporte und anderes mehr. Zur Krönung des Ganzen gab der Bundeswirtschaftsminister, es war Ludwig Erhard, am 16. Mai 1962 jene ominöse Absatzgarantie von 140 Millionen Jahrestonnen. Wer sollte jetzt noch von Marktkräften sprechen, die eine Anpassung der Kohleförderung an eine ständig abnehmende Nachfrage erzwingen würde?

Auch wenn bis 1967 mehr als 66 Zechen schlossen und über 200 000 Kumpels ihren Arbeitsplatz verlassen mußten, so hielt dieser Rückgang bei weitem nicht Schritt mit dem Nachfrageausfall, den der Rückgang dieses Energieverbrauchs verursachte.

Das Kohleanpassungsgesetz von 1968 hatte seinerzeit viele Vorschußlorbeeren erhalten. Lag das daran, daß überhaupt von »Anpassung« die Rede war? Die Vorstellungen, ein Bundesbeauftragter für den Steinkohlenbergbau solle mit Hilfe von Prognosen Empfehlungen über die künftige Produktion und ihre Verteilung auf die Zechen geben, bewegt sich am Rande der Marktwirtschaft. Und die Vorschrift, daß ein Bergbauunternehmen, das diese »Empfehlungen« mißachtet, erhaltene Subventionen und Prämien zur Strafe wieder zurückzahlen sollte, war ein Knüppel zwischen die

Beine derer, die jetzt Anpassung mit unternehmerischer Entscheidungsfreiheit verbinden wollten.
Das tatsächliche Ziel war denn auch eine Einheitsgesellschaft. Sie sollte über Felderbereinigung und Konzentrierung der Förderung auf die besten Zechen die notwendige Anpassung des deutschen Steinkohlenbergbaus bewerkstelligen. Daß bei der Konstruktion dieses Gebildes die Industriegewerkschaft Bergbau und Energie in gewisser Weise Pate gestanden hat, zeigt ein Gesetzentwurf, den sie im Dezember 1966 zur Errichtung einer Deutschen Ruhrkohlengesellschaft vorgelegt hatte.
Die Ruhrkohle AG hat die in sie gesetzten Erwartungen bisher nicht erfüllt. Es ist auch kaum anzunehmen, daß es zu marktwirtschaftlichen Leistungen und Ergebnissen kommt, wenn Unternehmer und Arbeitnehmer praktisch eines ganzen Wirtschaftszweiges sich mit dem Segen der Regierung auf Kosten der Allgemeinheit einigen.
Daß Energiepolitik auch anders als nach marktwirtschaftlichen Grundsätzen betrieben werden kann, das hat Bundeswirtschaftsminister Schiller in der Bundestagsdebatte vom 3. April 1968 sehr anschaulich dargestellt: »Eine Kohlenkrise, dann gibt es Krach, dann gibt es noch einmal wieder einen politischen Termin, und dann müssen wir alle zur Kasse schreiten. Das ist das Geheimpapier, das jene in der Schublade haben, . . . die einfach so weitermachen wollen und auf die nächste Subventionsrunde hoffen.« Daran hat sich bis heute leider nichts geändert.
Nach bewährtem Muster hat denn auch die jetzige Bundesregierung zur Abwendung einer Kohlenkrise gehandelt: nationale Kohlenreserve, Beschränkung der Kohlenimport-

kontingente, Abnahmezwang für die Energiewirtschaft und endlich »Kohlepfennig« für jeden Stromverbraucher. Man wundert sich nur, daß es noch keinen »Textilpfennig« gibt, daß noch kein »Schiffspfennig« zur Erhaltung der Arbeitsplätze auf Werften kreiert wurde! Dabei wären auch marktwirtschaftliche Lösungen denkbar, ohne der Versorgungssicherheit Abbruch zu tun. Etwa: Verkündung einer Kohle-Vorratspflicht für Kraftwerke, aber: es bleibt den Kraftwerken freigestellt, wie sie diese Pflicht erfüllen. Ein solcher Weg böte mehr Freiheit, er verspräche kostengünstiger zu werden, und er würde verhindern, daß Branchen-Strukturpolitik tatsächlich zur Strukturerhaltungspolitik wird.
Mit einer Verbeugung vor den vermuteten Wünschen der Wähler haben Bundestag und Bundesrat eine weitere Verschlechterung der wirtschaftlichen Standortqualität der Bundesrepublik hingenommen.

IV.
Staat verdrängt Soziale Marktwirtschaft

Die Leistungsfähigkeit der Sozialen Marktwirtschaft ist, wie in keiner Zeit zuvor, gerade den Arbeitnehmern zugute gekommen. Bis Ende der 60er Jahre lag die Bundesrepublik bei internationalen Vergleichen an der Spitze, sei es bei Geldwertstabilität, Vollbeschäftigung, Einkommensentwicklung, Wachstum oder in der Zunahme sozialer Leistungen. Und das nicht abwechselnd – etwa einmal nur Vollbeschäftigung, das andere Mal Geldwertstabilität –, sondern für alle Größen nahezu gleichzeitig und gleichmäßig. Ungleiche Entwicklungen zum Beispiel in der Vermögensbildung zeichneten sich ab, aber ihnen wurde weitblickend, über staatliche Anreize zu eigenem Sparen bei stabiler Geldwertpolitik, wirksam begegnet.
Auf dem fruchtbaren Boden der blühenden Wirtschaft wuchsen aber nicht nur Autos und Wohnungen, Einkommen und Wohlstand bis hin zur sozialen Sicherheit, sondern auch die Wünsche nach noch besserem Leben, nach Lebensqualität. Reformpolitik wurde zum Zauberwort. Es schlug alle in Bann, auch diejenigen, die vorausschauend erkannten, daß gerade eine prosperierende Wirtschaft neue Probleme etwa in der Einkommens-, Eigentums- und Bildungsstruktur mit sich bringen mußte.
Es fehlte an Nüchternheit des Überlegens: Wo sollten Reformen beginnen und wer sollte sie in Gang setzen? Wer wollte, wer müßte dafür zahlen? Der Gedanke, daß in der

Sozialen Marktwirtschaft Selbstverantwortung und Reformpolitik, private Kräfte und öffentliche Hand sehr wohl miteinander harmonieren könnten, schien zu kompliziert. Was lag näher, als den großen, den starken Staat zu bemühen?

Doch die Vorstellung vom homogenen, einheitlich handelnden Staat ist Illusion. So umfaßt »der Staat« tatsächlich denn auch sehr unterschiedliche Meinungs- und Willensbildungen. Die Verbreiterung des öffentlichen Sektors vollzieht sich völlig ungeordnet, weil die Verwirklichung des demokratischen Sozialismus teils ideologisch, teils pragmatisch motiviert ist. Hier ist zu fragen, wer heute eigentlich den anonymen »Staat« darstellt. Sind es noch alle Bürger dieses Landes, oder sind es nur die gewerkschaftlich organisierten Arbeitnehmer? Sind es die Repräsentanten aller, Regierung und Parlament? Oder ist es nur noch die sozialliberale Koalition? Solange Parlament und Regierung die ihnen auferlegte politische Gesamtverantwortung gegenüber jedermann nicht entschlossen wahrnehmen, muß diese Frage offenbleiben.

Durch den Regierungswechsel in Bonn 1969 hat die Rolle des Staates eine neue Dimension erhalten. Aus dem mehr sozialistischen und wenig liberalen Staatsverständnis heraus begann sich eine neue Grenzziehung zwischen Staat und Wirtschaft zu entwickeln – mit der Folge, daß der Freiheitsraum des einzelnen für wirtschaftliche Betätigung zunächst unmerklich, dann aber spürbar enger wurde. Aus der pauschalen Kritik heraus, daß das Marktwirtschaftssystem nicht in der Lage sei, sozusagen aus sich selbst heraus ausreichend Infrastruktur anzubieten, wurden immer mehr wirtschaftliche Aktivitäten auf den Staat übertragen.

Eine neue Staatseuphorie breitete sich aus. Mit dem Staat verband sich die Hoffnung auf Reformen, für die der Markt zu langsam, schwerfällig oder ungeeignet schien. Der Staat sollte Reichtum verteilen und damit wirtschafliche Probleme einfacher, zugleich auch gerechter lösen als der Markt. Nicht Eigeninitiative, Wettbewerb und Gewinn sollten, wie in den Jahren zuvor, Richtung und Tempo der Entwicklung bestimmen, sondern mehr rationale und automatische Entscheidungen des Staates. Damit verband sich die Hoffnung auch, er werde vieles aus nichts hervorbringen, die Hoffnung auf Leistungen zum Nulltarif. Was lag in dieser Atmosphäre näher als ein Wandel der Staatsfunktion von der Ordungsfunktion hin zur Leistungsfunktion?
Diese Grenzüberschreitung zu Beginn der 70er Jahre begann für viele unbewußt. Wer merkte schon gleich, daß die Macht des Staates über den Umweg staatlicher Fürsorge und Vorsorge, ob gewünscht oder nicht, immer stärker in den persönlichen Freiheitsraum eindrang? Wer sah schon, daß damit zugleich die Bevormundung des einzelnen Einzug hielt? Planmäßig mußte diese Veränderung jedoch – endlich! – für diejenigen erscheinen, die schon immer einen Bruch mit dem Konzept der Sozialen Marktwirtschaft herbeisehnten.

Mehr Staat, mehr Nulltarif, weniger Lebensqualität

Zur zielbewußten politischen Ambition gesellte sich politischer Pragmatismus. Ohne Rücksicht auf seine politischen Fernwirkungen erleichterte er die Politik der sozialliberalen Koalition, die bei den Reformvorhaben die Forderung des demokratischen Sozialismus auf kollektive Sicherung vor Augen hatte. Der vielfach vertretene Sozialstaatsanspruch nach sozialer Gerechtigkeit im Sinne sozialer Gleichheit orientierte sich nicht an den Realitäten einer leistungsbezogenen Wettbewerbsgesellschaft, sondern an den in Wahlen erzeugten Wunschvorstellungen. Das führte zur Inflation der Ansprüche und zu Enttäuschungen. Aber diese Enttäuschungen weckten nicht den Wunsch nach Revision, sondern verstärkten eben jene Inflation: Immer weitergehende gesellschaftspolitische Wünsche waren die Folge, und sie führten dazu, daß sich der Anspruch auf Rechtsgleichheit im Staat entwickelte. Immer mehr staatliche Leistungen wurden zum scheinbaren Nulltarif angeboten. Das steigerte die Nachfrage nach Lebensqualität, und so wurde Lebensqualität zur Addition aller möglichen Wünsche. Aus der Sicht des Bürgers schien der Zusammenhang zwischen Leistung und Gegenleistung aufgehoben. Die Ahnung, daß irgend jemand dafür zahlen müsse, verblaßte vor der Erwartung, daß dieser »jemand« immer ein anderer sei. Das Kostenbewußtsein für Leistungen der Gesellschaft an einzelne ging verloren.

Ein Paradebeispiel dieser Politik und ihrer Wirkungen ist die soziale Sicherung in der Bundesrepublik. Dieses System hat in der Welt eine ausgesprochene Spitzenstellung. Das Netz der sozialen Leistungen wurde in den zurückliegenden Jahren immer dichter, der soziale Leistungskatalog immer umfänglicher. Durch die Ausweitung bestehender und die Einrichtung neuer Sozialleistungen sind jedoch die Sozialkosten inzwischen explosionsartig in die Höhe geschossen. Auf diese Weise wird der Bürger, ob er will oder nicht, in die

soziale Fürsorge des Staates hineingeleitet. Daß der überhastete Reformeifer die individuellen Gestaltungsmöglichkeiten und Flexibilität des Systems der sozialen Sicherung gefährdet, wird erst jetzt von Tag zu Tag deutlicher.
Das Wachsen der Ausgaben ist ganz wesentlich darauf zurückzuführen, daß in der Vergangenheit Leistungsausweitungen beschlossen wurden, ohne die auf Dauer weitgehenden finanziellen Folgen – Belastung der Versicherten und der Betriebe – ausreichend zu berücksichtigen. Kostspielige Sozialgesetze sind in Zeiten starken Wirtschaftswachstums, in denen die Beiträge zur Sozialversicherung reichlich flossen, und angesichts bevorstehender Wahlen nicht selten in großer Eile verabschiedet worden. Sie haben das Anspruchsdenken zur Selbstverständlichkeit werden lassen. Dabei haben sich Regierung und Opposition oft gegenseitig zu überbieten versucht. So wurden in den letzten Tagen der 6. Legislaturperiode des Deutschen Bundestages mit dem Rentenreformgesetz 1972 Leistungsverpflichtungen in einer Höhe beschlossen, die sich für die nächsten 15 Jahre zwischen 180 und 200 Milliarden DM bewegen dürften.
Die steigenden Abgaben an die sozialen Kollektivfonds haben nicht nur die Idee des scheinbaren Nulltarifs ad absurdum geführt, sie haben auch noch eine leistungshemmende Wirkung. Denn wer arbeitet schon mehr, wenn er bei rapid-progressiver Einkommensteuer und immer neu angehobenen Abgaben keine spürbare Verbesserung seines Nettoeinkommens erkennt? Es mag sein, daß uns diese Politik von rechts nach links heute zu einer Nation von Reichen gemacht hat – gemessen an der Zahl der progressiv Besteu-

erten. Aber machen wir uns nichs vor: Dieser Reichtum zerschmilzt sofort für jeden beim Lesen des Lohnstreifens von links nach rechts!

Mit der überproportionierten Beanspruchung des Sozialproduktes für Sozialleistungen – 1974 rund 30% – geht auch eine bemerkenswerte Verschiebung auf der Finanzierungsseite vor sich. Während die Arbeitgeber 1964 37,5% der Sozialfinanzen aufbrachten, bestreiten sie heute 42,5%. Der Staat hingegen zieht sich mehr und mehr aus der Finanzierung, und nur aus dieser, zurück. Statt 40% im Jahre 1968 beteiligte er sich 1974 nur noch mit 34,6%. Und auch in den nächsten fünf Jahren ist mit einer spürbaren Verlagerung der Finanzierungslasten auf Arbeitgeber und Versicherte zu rechnen. Die Verteilung der Leistungen hingegen bleibt eindeutig beim sozialen Kollektiv.

In Zeiten steigender Einnahmen wirkt diese Verteilungsregelung unproblematisch. Wenn aber, wie jetzt, die öffentlichen Kassen für die nächsten Jahre Ebbe signalisieren, fängt sie unweigerlich zu drücken an. Vom Markt zum Staat – das wird jetzt als Irrweg sichtbar. Ein typisches Beispiel: die Arbeitsmarktpolitik über die Bundesanstalt für Arbeit.

Soziale Marktwirtschaft und Arbeitsmarktpolitik gehören zusammen: zur Verhinderung von Arbeitslosigkeit und, für den Notfall, zur Sicherung von Lohnersatzleistungen. Diese am Arbeitsmarktgeschehen orientierte Grundlinie wurde mit dem Arbeitsförderungsgesetz von 1969 verlassen. Mit dem Blick auf mehr Lebensqualität, weniger auf den Arbeitsmarkt, setzte man vage Förderungsprogramme großzügig in Gang. Die individuelle Förderung der beruflichen Bildung – sie schließt alle möglichen Arten von Umschulungsmaßnahmen ein – wurde Teil einer fragwürdigen und kostenaufwendigen Bildungspolitik. Eine komplizierte und unübersichtliche Durchführungstechnik öffnete Mißbrauch und Mißständen Tür und Tor. Handfeste Defizite, schon gleich nach Inkrafttreten des neuen Gesetzes, wurden zur Regel.

Das Ziel, neue Impulse für die berufliche Bildung und damit für die Verbesserung der qualitativen Struktur des Arbeitsmarktes zu geben, wurde überwiegend verfehlt. Trotz dieser aufwendigen Fortbildung bzw. Umschulung, die z. B. in Hamburg gegenwärtig von ca. 7500 Personen im Jahr genutzt wird, ist hier der Prozentsatz der Arbeitslosen ohne abgeschlossene Berufsausbildung allein von 1974 auf 1975 von mehr als 34% auf nunmehr fast 47% gestiegen.

Groteske Randerscheinung dieser Politik: staatlich verordnete Sozialpolitik zu Lasten anderer staatlicher Institutionen, wobei letztlich alles vom Steuerzahler finanziert werden muß. Als Ergebnis einer erfolgreichen Sozialgesetzgebung zahlt die Bundesanstalt für Arbeit heute einem Arbeitslosen über 12 Monate eine Unterstützung in Höhe von 68% des letzten Nettoeinkommens. Danach wird Arbeitslosenhilfe gewährt, die – falls die Familie nicht helfen kann – maximal 58% beträgt. Im Rahmen der Arbeitsbeschaffungsmaßnahmen werden nun von den einzelnen Bundesländern und Kommunen möglichst viele gerade dieser Arbeitslosen so lange eingestellt, bis sie wieder ein Anrecht auf die 68% erworben haben. Statt also mit diesen Mitteln Investitionen für neue Arbeitsplätze zu initiieren, werden laufend neue Kosten auf die Bundesanstalt verlagert, indem dem einzelnen zwar kurzfristig geholfen wird, die notwendi-

gen Arbeitsplätze aber für die Zukunft nicht geschaffen werden. Es schließt sich der Teufelskreis staatlicher Fürsorgepolitik.
Erst als 1974 die Zahlen der Arbeitslosen in die Höhe schnellten, erinnerte man sich der eigentlichen Aufgabe der Bundesanstalt. Nur: Jetzt sind die Kassen leer. Und erst unter diesem Druck fingen die Politiker an, sich zum Umschalten von Reformen zu Revisionen zu bequemen. Revidiert und begrenzt wurden Anspruchsgrundlagen, Leistungskatalog und Kreis der Anspruchsberechtigten, z. B. gerade in der Arbeitslosenversicherung. Und zu dieser sicher richtigen und notwendigen Leistungsverminderung kommen, nicht ohne weiteres verständlich, Beitragserhöhungen. Ist es nicht Zeit, die Parole von der Lebensqualität endlich im Museum für Sozialgeschichte abzulegen?

Mehr Staat, mehr Kosten, weniger Leistung

Die Arbeitslosenversicherung ist nur ein Beispiel. Nicht anders ist die Entwicklung in der sozialen Krankenversicherung und auch in der Rentenversicherung. Überall hatten sich die Kräfte, die aus dem Vollen schöpfen wollten, geregt – jetzt lassen Kosten- und Beitragsexplosionen aber das Feld für staatliche Sozialpolitik immer kleiner werden.
1950 waren Staat und Sozialversicherungsträger bereit, Lebensqualität und soziale Sicherung dem Arbeitnehmer für nur 14,4% seines Bruttoarbeitsentgeltes zu verkaufen. Zugegeben, das Leistungsangebot wurde seit dieser Zeit ganz beträchtlich ausgeweitet. Verschärft hat sich gleichzeitig aber auch der Zugriff von Staat und Sozialversicherungs-

träger. In lautlosen Etappen erhöhten sie ihre Ansprüche an den Arbeitslohn: 1960 auf etwas mehr als 17%, 1970 auf knapp 26% und zur Zeit, so hat es der Sachverständigenrat errechnet, beträgt der Vorwegabzug für Lohnsteuer und Sozialversicherung knapp 32%. Die fünf Weisen zeigen in ihrem Jahresgutachten 1975/76 auch auf, wie drückend diese Last tatsächlich ist, wenn man die anderen Steuern, vor allem die Mehrwertsteuer und die für 1977 beschlossenen Erhöhungen mit einbezieht: Sie wird sich mit 45–46% auf die Einkommen legen.

Der Griff des Staates in den Geldbeutel jedes einzelnen ist die eine Seite der Medaille. Die andere ergibt sich beim Blick auf die öffentlichen Ausgaben. Ihr prozentualer Anteil am Bruttosozialprodukt führt rechnerisch zur sogenannten Staatsquote. Und auch sie zeigt in ihrer Entwicklung das ständig steigende Staatsgewicht. 1970 zum Beispiel betrug sie 37,5%. Im Jahre 1973 war dieser Anteil bereits auf 40% gestiegen. Und für 1975 rechnet man bereits mit einem Anteil von 47,5%, wobei – das darf nicht übersehen werden – konjunkturelle Sondereinflüsse und die Kindergeldreform einen beträchtlichen Anteil am Zuwachs haben. Und mit den ab 1977 geplanten Steuererhöhungen ist eine weitere Anteilszunahme schon wieder vorprogrammiert.

Fassen wir größere Zeiträume zusammen, so weist der Durchschnitt der 50er Jahre einen Staatsanteil von 31%, der Durchschnitt der 60er Jahre einen solchen von 36% und der Durchschnitt der 70er Jahre bis 1973 schließlich 38,5% auf. Mit der Staatsquote für 1975 hat die überproportionale Ausgabenausweitung schon jetzt die von der SPD im Orientierungsrahmen 1985 erst für 1980 angepeilte Erhöhung der

Staatsquote erreicht. Aber sie macht den Staat nicht stärker, sondern nur handlungsunfähiger.
Nun sollte man nicht in den Fehler verfallen, den hohen Staatsanteil an sich als gut oder böse zu beurteilen. Großer Staatsanteil ist nicht von vornherein gleichzusetzen mit einer Verdrängung der Marktwirtschaft durch den Staat. Aber man wird zum Beispiel danach fragen, wieviel Güter privat oder öffentlich produziert und privat oder öffentlich konsumiert werden. Nur wird eine rechnerisch noch so genaue Antwort hierfür nicht ausreichen. Denn wer kennt schon die Zahlenschwelle, von der an die Verdrängung tatsächlich gilt? Außerdem: Je mehr Staatseinfluß auf das Wirtschaftsgeschehen – und sei es nur über privatwirtschaftlich betriebene Unternehmen des Staates – je größer ist die Verlockung, diesen Einfluß zu festigen und auszudehnen.
Ein sehr interessantes Zeichen allerdings, wie die Bürger das Verhältnis von Staat und Marktwirtschaft beurteilen, könnte die Zahlungsbereitschaft für zusätzliche staatliche Leistungen sein. Im Jahre 1973 hieß es ja noch nicht wie heute: höhere Abgaben für verringerte staatliche Leistungen. 1973 konnte die Bevölkerung noch erwarten, daß höheren Abgaben auch eine verbesserte Lebensqualität folgen würde. Und gerade in diese Zeit fällt ein Ereignis, das die Politiker hätte stutzig machen müssen, das offenbar aber schnell wieder in Vergessenheit geriet: DGB-Chef Vetter erklärte sich im Sommer jenes Jahres bereit, auf ein paar Prozentpunkte bei den Lohnforderungen zu verzichten, wenn dafür die Steuer- und Abgabenlast verringert würde. Ist das nicht eine deutliche Antwort auf die Frage nach einem Mehr an teurer staatlicher Leistung?

Tatsächlich hat die Verwendung der öffentlichen Mittel vielfach Enttäuschung, ja sogar Verbitterung hervorgerufen. Erinnert sei an den überproportionalen Zuwachs von Staatsdienern. Von 1000 Erwerbstätigen waren im Jahre 1969 nicht ganz 70 öffentlich Bedienstete bei Bund, Ländern und Gemeinden tätig. Im Jahr 1973 hingegen waren es bereits 94, und 1974 stieg dieser Anteil auf 97. In absoluten Zahlen: 1974 waren im öffentlichen Dienst über 51 000 Staatsdiener mehr beschäftigt als ein Jahr zuvor, insgesamt 2 552 000. Sicher: Vermehrte Staatsaufgaben, etwa im Zuge der Reformen, ziehen auch neue Mitarbeiter an. Aber mit der Einstellung eines jeden Beamten verbindet der Staat faktisch die Zusage von Beförderung, Unkündbarkeit, Befreiung von Sozialabgaben und einem Netz sozialer Sicherungen, wie dies kein anderer Arbeitgeber, der wirtschaftlich kalkulieren muß, vermag. Ist es nicht ein Anachronismus, daß ein moderner Staat trotz eines für alle geltenden Systems der sozialen Sicherung glaubt, seine Beamten auch heute noch »alimentieren« zu müssen? Und wer wird es verstehen, daß die enorme Steigerung der Personalkosten gerade im Bildungssektor, in dem es um die Verbesserung der Bildungschancen geht, keineswegs automatisch auch zu mehr Lehrern führt, weil zunächst einmal Beförderungen und Höhergruppierungen verkraftet werden müssen? Ob zum Beispiel die Kinder früher von einem Studienrat, heute aber von einem Oberstudienrat unterrichtet werden – wer glaubt da schon an eine Verbesserung der Bildungsqualität! Dabei wäre es falsch, »die« Beamten zum Buhmann, zum Adressaten der Kritik zu machen. Nicht sie, sondern der Staat ist eigentlich gemeint. Weil dieser Staat aber anonym, unpersönlich und taub erscheint, wird er für Ärger und Kritik personalisiert – und hierbei stehen die Beamten in erster Reihe. Doch nicht ihnen, sondern den Politikern muß dann die Kritik gelten. Denn sie stellen die Weichen für die Entwicklung. Und ihr Hinweis auf sogenannte Sachzwänge, Umfrageergebnisse und auf das vermeintliche Wissen darüber, was »in« sei, kann ihre zeitgeistigen, kurzsichtigen Entscheidungen nicht entschuldigen.

Und staatliche Investitionen, vor allem in der Infrastruktur – sie gerieten im Laufe der Jahre ins Hintertreffen. Dabei wurden gerade sie zum ausschlaggebenden Argument, daß mehr Staat notwendig sei, weil die Marktwirtschaft hier versage. Zwischen 1963 und 1974 ging der Anteil der Investitionsausgaben an den gesamten Staatsausgaben von 26,7% auf 21,5% zurück. Und folgt man der mittelfristigen Finanzplanung des Bundes, so soll der Investitionsanteil bis 1979 sogar schrittweise auf 12% abgesenkt werden. Nach dem staatlichen »Investitionsstreik« trat auch die private Wirtschaft bei Investitionen immer kürzer. Die Investitionslücke, die allein in der Zeit von 1971–1974 entstanden ist, beträgt etwa 100 Mrd. DM, was einem Ausfall am Sozialprodukt von 350–400 Mrd. DM entspricht. Die entsprechenden Auswirkungen auf den Arbeitsmarkt veranlassen die Regierenden über Ankurbelungsmaßnahmen und ähnliche Maßnahmen interventionistisch tätig zu werden. Das bedeutet: steigende Staatsausgaben, die über Steuern finanziert werden. Steigende Steuerlasten bedeuten: geringe Investitionsanreize für die private Wirtschaft. Das bedeutet: der Staat übernimmt immer mehr Aufgaben. Damit steigt die Staatsquote »dynamisch«.

Ein Teil des hohen Betrages der Staatsausgaben fließt Jahr für Jahr in den Subventionsbereich. 1975 waren das, an den Finanzhilfen von Bund und Ländern gemessen, rund 20 Mrd. DM. Der Betrag macht aber allein nocht nicht deutlich, in welchem Umfang die öffentliche Hand über Subventionen wirtschafts- und gesellschaftspolitische Ziele verfolgt. Das geschieht nämlich auch über Steuervergünstigungen, die sich beim Staat als Mindereinnahmen niederschlagen. So verzichteten Bund, Länder und Gemeinden aus Subventionszwecken nach Schätzungen der Bundesregierung im Jahre 1975 zusätzlich auf 30,5 Mrd. DM.
Wie kompliziert, inkonsequent und streckenweise unüberschaubar die Wege der Subventionspolitik sind, erfährt man bei der Lektüre der Subventionsberichte. Durch das Stabilitäts- und Wachstumsgesetz von 1967 ist die Bundesregierung alle zwei Jahre zur Vorlage eines solchen Berichtes verpflichtet. Für den Bürger muß diese Lektüre ausgesprochen unbefriedigend sein. An den von Jahr zu Jahr steigenden Subventionssummen erkennt er zwar eine auch hier zunehmende Staatsaktivität. Er erfährt auch, daß der Staat für Sparförderung und Vermögensbildung große Beträge bereithält. Fragt er aber nach der Effizienz, nach der Wirkung, so muß er lesen, daß »das den einzelnen finanziellen Hilfen zugrunde liegende wirtschafts- und/oder gesellschaftspolitische Ziel häufig nicht in allen Punkten so scharf fixiert (ist), wie es für solche Überlegungen wünschenswert und erforderlich wäre« – so zu lesen im Fünften Subventionsbericht von 1975.
Abgabenlast hier und Zuwendungen nach unscharfen Zielen dort – entsteht nicht der Eindruck vom Irrgarten staatli-

cher Leistungen, in dem sich kaum noch erkennen läßt, wer die Begünstigten und wer die Belasteten eigentlich sind? Die Tatsache, daß die verschiedenen staatlichen Verteilungsmechanismen nicht aufeinander abgestimmt sind, läßt den Umverteilungsprozeß letztlich ziellos laufen.
Die Finanzierung des steigenden Staatsanteils erfolgt nach einem eingängigen Rezept: Es muß die steuerliche Belastbarkeit der Wirtschaft getestet werden. Für viele Politiker aber waren die Folgen dieser Politik absolut nicht eingängig. Sie bemühten Weltrezession und Weltwirtschaftskrise, um den go down der deutschen Wirtschaft zu erklären. Tatsächlich aber waren die Zusammenhänge sehr viel direkter. Die strangulierende Wirkung zunehmender Belastungen durch Abgaben, Ertrags- und Vermögenssteuern wurde nämlich deutlich, als die Unternehmen in die Klemme zwischen rasant gestiegenen Lohn- und Materialkosten und gleichzeitig abnehmendem Kaufinteresse des In- und Auslandes gerieten. Die Gewinne rutschten in den Keller. Bei einem Umsatz von z. B. 100,– DM erzielten die Unternehmen 1973 noch 2,41 DM Gewinn. Im Jahr darauf waren es noch 2,11 DM und 1975 verblieben lediglich noch 1,85 DM. Die neutrale Bundesbank konstatierte denn auch, daß die Ertragslage der deutschen Unternehmen 1975 auf den niedrigsten Stand der letzten drei Jahrzehnte gesunken sei.
Die direkte Folge ist ein gleichzeitig gravierender Rückgang der Investitionen. Stiegen die gesamten Anlageinvestitionen 1963 real noch um 1,1%, so sackten sie 1974 um mehr als 8% und – von diesem bereits niedrigeren Niveau aus gerechnet – 1975 nochmals um weitere 6% ab.
Es blieb dem Bundeskanzler vorbehalten, die ganze Trag-

weite dieser Entwicklung richtig einzuschätzen: »Die Erträge von heute sind die Investitionen von morgen, und die Investitionen sind die Arbeitsplätze von übermorgen.« Das war leider erst 1975, als die Zahl der Arbeitslosen bereits das ganze Jahr über die Alptraumgrenze von 1 Million nicht unterschritt. Das war in der Tat ein Belastungstest für die deutsche Wirtschaft. Und unwillkürlich denkt man an die Kurzformel: Operation gelungen, Patient tot.
Die ursprüngliche Steueridee – nämlich die Besteuerung nach Leistungsfähigkeit – und die Steuerwirklichkeit klaffen immer weiter auseinander, da der ergebnisunabhängige Teil der Steuern laufend steigt. Damit nimmt die Besteuerung durch Konfiskation überhand über die Besteuerung nach Leistung. Das jetzt erreichte Ausmaß fixer Steuerbestandteile, die auch bei rückläufigen Erträgen, ja auch bei Verlusten gezahlt werden müssen, wirkt leistungshemmend und macht die Unternehmen unelastisch und krisenanfällig.
Die erhöhte Staatsquote wird die Finanzmärkte mittelfristig nicht nur überfordern, sondern überrollen. Das Jahr 1975 war mit einem Rekorddefizit des öffentlichen Gesamthaushalts in Höhe von ca. 80 Mrd. DM geendet. Und für 1976 ist bereits eine ähnliche Deckungslücke zu erwarten. Im 1. Halbjahr 1975 beanspruchten die öffentlichen Hände fast Dreiviertel der gesamten Kreditvergabe der Banken an inländische Nichtbanken. Nur angesichts der Zurückhaltung bei der Kreditnachfrage sowie der hohen Sparquote der Privaten konnte die öffentliche Hand den Kapitalmarkt zu über 60% in Anspruch nehmen, ohne schon 1975 einen merklichen inflationären und weiterhin wachstumshemmenden Effekt auszulösen.

Durch die Verkürzung der Laufzeiten sind die Gebietskörperschaften nun dazu übergegangen, sich über Zeiten von überwiegend ein bis drei Jahren zu finanzieren, obwohl sie mit diesen Krediten langfristig – meist gesetzlich geregelte – Verpflichtungen abdecken müssen. Diese Finanzierung führt dazu, daß der erhebliche zukünftige Nettokreditbedarf mit der Verlängerung der jetzigen Kredite zusammenprallen wird. Spätestens dann wird der öffentliche Kreditbedarf in Konkurrenz zum Kreditbedarf der privaten Wirtschaft treten.
Bei der bekannten Zinsrobustheit der öffentlichen Hand und dem durch die steuerliche Gesetzgebung eingeengten Selbstfinanzierungsspielraum der privaten Wirtschaft steht der Sieger dieses Rennens schon heute fest. Das heißt, diejenigen, die sich als unfähig erwiesen haben, die Staatsfinanzen in Ordnung zu halten, werden über die Lenkung des Kapitalmarktes letztlich dann auch die private Wirtschaft steuern. Angesichts dieser Entwicklung kann die von Willy Brandt proklamierte Gleichsetzung von »erhöhter Staatsquote« und »steigender Lebensqualität für alle« selbst von dem mit einem Comeback drohenden SPD-Vorsitzenden nicht mehr aufrechterhalten werden.

Mehr Staat, mehr Gesetze, weniger Effizienz

Mit der Sozialen Marktwirtschaft hat das unternehmerische Handeln neue Leitgedanken erhalten – aber auch neue Bindungen. Es ging damals darum, den Unternehmen ihre Handlungsfreiheit wiederzugeben, allerdings nicht ohne Limit. Dieses Limit wird gesetzt durch die Abgrenzung der einzelwirtschaftlichen Interessen gegenüber dem Gemeinwohl, d. h. den übergeordneten Interessen der Allgemeinheit. Zu diesem Rahmen, in den das Wirtschaften im Interesse der Allgemeinheit einge»ordnet« wird, gehören gesetzliche Regelungen wie das Gesetz gegen Wettbewerbsbeschränkung, das Kreditwesengesetz, das Hypothekenbankgesetz, das Energiewirtschaftsgesetz oder das Güterkraftverkehrsgesetz, ferner die staatliche Gewerbeaufsicht aufgrund der Gewerbeordnung und des Bundesimmissionsschutzgesetzes. Diese Rechtsnormen begründen notwendige Aufsichts- und Eingriffsbefugnisse des Staates über die Wirtschaft.

Daneben bestehen andere Gesetze, die dem unternehmerischen Verhalten zwar Grenzen setzen, aber keine behördliche Aufsicht oder staatliche Eingriffe ermöglichen. Sei es das in erster Linie zu nennende Gesetz gegen den unlauteren Wettbewerb oder seien es auch die vielen arbeits- und sozialrechtlichen Vorschriften wie z. B. das Betriebsverfassungsgesetz.

Unternehmer werden sich immer stärker, wenn auch noch nicht immer ausreichend, der Grenzen ihres Handlungsfreiraumes bewußt. Sie sind bereit, gesetzliche Maßnahmen, die im öffentlichen Interesse diese Handlungsfreiheit beschränken, zu akzeptieren, sofern dadurch die Entscheidungsfähigkeit im Betrieb nicht betroffen wird.

Tatsächlich jedoch tritt an die Stelle der Selbstverantwortlichkeit der wirtschaftenden Personen, wie sie im marktwirtschaftlichen System verankert ist, mehr und mehr die Kontrolle bis letztlich hin zum Mißtrauen gegenüber dem einzelwirtschaftlich Tätigen. Sichtbaren Ausdruck findet diese

Entwicklung in dem Bemühen des Gesetzgebers zu detailliertesten Regelungen, die immer weiter in die Kompetenz auch der Betriebe eingreifen. Diese aus Mißtrauen entstandene gesetzgeberische Detailregelung hat dazu geführt, daß unsere Rechtsprechung einen Grad der Kompliziertheit erreicht hat, die ihre Praktikabilität oft in Frage stellt. Diese Tendenz hat unklar formulierte oder verspätet erlassene Gesetze, zu späte Auslegungserlasse der Verwaltung wie auch schleppende Rechtsprechung zur Folge. Und all dies führt zu erheblicher Rechtsunsicherheit – genau das Gegenteil also dessen, was Ziel dieser gesamten Aktivitäten sein sollte. Im Jahre 1959 wurden im Bundesgesetzblatt 1300 Seiten Text veröffentlicht; im Jahre 1974 aber waren das schon 3000 Seiten. Nicht mitgezählt sind die Berge neuer Verordnungen, Erlasse oder gar der Durchführungsbestimmungen. In diesem Zusammenhang muß an das Mitbestimmungsgesetz erinnert werden, dem ja alle Parteien im Bundestag zugestimmt haben. Der Gesetzgeber hat nunmehr auch der Wirtschaft eine gesellschaftliche Qualität verliehen, da man davon ausgehen muß, daß viele Arbeitnehmer-Aufsichtsräte weniger auf die Interessen des Unternehmens, als auf ihre Verbandsinteressen verpflichtet sind. Und die Unternehmen, die dieses Gesetz so begrüßt haben, übersehen u. a., daß dem Aufsichtsratvorsitzenden Entscheidungen zugeordnet worden sind, deren Konsequenzen ein einzelner kaum verantworten kann. Im Hinblick auf das Verhalten des Gesetzgebers ist aber bemerkenswerter, daß die im Gesetz verankerten leitenden Angestellten betriebswirtschaftlich nicht existieren, da im BVG ein eigener Status nicht vorgesehen ist. Die Auseinandersetzungen im Betrieb darüber, wer als leitender Angestellter welche Rechte hat, werden nun beginnen. So also hat der Gesetzgeber den zweiten vor dem ersten Schritt getan, weil er vergessen hat, vor der Mitbestimmung dieser Gruppe im Unternehmen, ihre Mitbestimmung im Betrieb zu regeln.

In der Praxis muß man davon ausgehen, daß die Personalkosten für ein Unternehmen nicht mehr disponibel sind. Sie sind zu Fixkosten auf lange Sicht geworden – ein Gesichtspunkt, der bei den Appellen, doch endlich wieder mehr Arbeitskräfte einzustellen, viel zu wenig berücksichtigt wird. Ob man nun an die Ausweitung der gesetzlichen Krankenversicherung, an das Gesetz zur Lohnfortzahlung im Krankheitsfall, an das Bundesurlaubsgesetz, an das Kündigungsschutzgesetz oder an die Konkursausfallregelung denkt – Schritt für Schritt werden die innerbetrieblichen Beziehungen gesetzlichen Regulierungen unterworfen. So wird auch das zwingende Arbeitsvertragsrecht durch Grundsätze für die Gestaltung und Abwicklung von Arbeitsverhältnissen ergänzt, die in der Arbeitsrechtswissenschaft durch die Spruchpraxis der Gerichte entwickelt worden sind. Sie haben durch beständige Übung mittlerweile quasi normative Kraft erhalten.

Hinter diesem Trend steht Mißtrauen. Dieses hat inzwischen eine Automatik in Gang gesetzt, die die Gesetzgebungsmaschine auf immer höhere Touren bringt. Damit wird nicht nur die Würde und Autorität des Gesetzgebers angetastet, damit werden auch alle Bürger um ein Stückchen Freiheit ärmer! Und auch ein Teil der Unabhängigkeit des Staates wird damit aufgezehrt.

Eine Konsequenz dieser Entwicklung ist die Umlenkung

von Energie und Phantasie aus dem Markt in die Verwaltung oder in das, was zur Sammlung, Sichtung und Auswertung gesetzlicher Bestimmungen organisatorisch aufgebaut werden muß. Welcher von den kleinen und mittleren Betrieben ist aber dazu in der Lage? Betrachtet man allein einmal die zunehmende Zahl von Gesetzen und Verordnungen im Lebensmittelrecht. Wie soll z. B. der kleine Lebensmittelhändler von nebenan mit der ständig wachsenden Vorschriftensammlung des Lebensmittelrechtes fertig werden und dabei gleichzeitig seinen Dienst am Kunden verbessern? Diese Vorschriftensammlung enthält knapp 250 Bundesgesetze und Verordnungen, und die Ergänzungslieferung der Textsammlung für die sechs Monate zwischen Februar und Juli 1975 umfaßt allein schon 450 Seiten Papier. Gerade die kleinen und mittleren Unternehmen werden durch die Fülle und Kompliziertheit dieser Gesetzesproduktion überfordert und kostenmäßig so belastet, daß daraus eine Beeinträchtigung ihrer Wettbewerbsfähigkeit folgen muß. Das schwächt den Markt, das schwächt die Leistungsfähigkeit – und der Verbraucherschutz, dem dies alles dienen soll, verkehrt sich in sein Gegenteil!

Eine weitere Konsequenz jener Flut von Gesetzen und Verordnungen ist der damit verbundene »Papierkrieg«. Für staatliche und quasistaatliche Stellen müssen Formulare, Fragebogen und umfangreiche Listen ausgefüllt werden, sei es zu statistischen oder sonstigen Zwecken. Und mit der Kompliziertheit der gesetzlichen Bestimmungen steigt die Papierflut an.

Die Industrie- und Handelskammer in Koblenz hat einmal

auf Heller und Pfennig ausgerechnet, welche finanziellen Belastungen damit für die Wirtschaft verbunden sind. Wer wußte bis dahin, daß die jährliche Belastung eines Unternehmens durch unentgeltliche Verwaltungsarbeiten im Staatsauftrag durchschnittlich 60 200 DM beträgt? Das war noch nicht einmal den belasteten Unternehmen selbst in dieser Deutlichkeit bekannt. So hat die Kammer festgestellt, daß die jährlichen Gesamtkosten zwischen 1800,— DM für einen Einzelhandelsbetrieb mit 15 Beschäftigten und 550 000 DM für ein Industrieunternehmen mit 1800 Beschäftigten schwanken. Nicht zu Unrecht spricht sie von »Frondiensten« für Vater Staat – selbst, wenn zugegeben werden muß, daß viele dieser unbezahlten Hilfsarbeiten im Interesse des Staates und der Wirtschaft notwendig und sinnvoll sein können. Nur: Auch hier wird es Grenzwerte geben, und an sie ist zu denken bei den neuen Steuer- und Sozialgesetzen, die heute – fast noch mit der Selbstverständlichkeit des 19. Jahrhunderts – erlassen und den Unternehmen auferlegt werden. Wer das weiterhin möchte, muß sich darüber im klaren sein, daß sehr bald die Wegstelle erreicht ist, wo wirtschaftliche Effizienz und soziale Gerechtigkeit zu Alternativen werden.

Mehr Staat, mehr Bürokratie, weniger Verantwortung

Der Expansion der Staatstätigkeit folgt zwangsläufig die Explosion der Bürokratisierung. Das heißt zunächst einmal sicher auch mehr Beamte. Was aber viel entscheidender, grundlegender ist: An die Stelle wirtschaftlichen Handelns tritt bürokratisch-hierarchisches Entscheiden. Nicht Kosten und Erträge, sondern Kompetenzvorgabe und Befehl bestimmen das Handeln. Das Autoritätsprinzip verdrängt das Leistungsprinzip.

Wo der Staat handelt, baut er sich durchweg eine Monopolstellung auf. Seine Leistungen werden dann nicht mehr unter Wettbewerbsbedingungen erbracht, und die Leistungsergebnisse lassen sich nicht eindeutig messen und bewerten. In bürokratischen Verwaltungen wird die Nachfrage nach Leistungen eben nicht vom Markt, sondern von den Vorgesetzten entdeckt; und die Leistungen selbst werden von ihnen, und ebenfalls nicht vom Markt, beurteilt. Hierbei spielen ganz andere Maßstäbe eine Rolle als die der privaten Unternehmen. Es sind vielmehr die Höhe der Kosten, die Güte des benötigten Personals und der Umfang des Ausgabenbedarfs, die Wert und Bedeutung öffentlicher Leistungen bestimmen. Das führt dann häufig dazu, daß zum Beispiel die Qualität des Sozialhaushalts an seinem Volumen, die Bedeutung eines Dienstpostens an der Anzahl der unterstellten Bediensteten gemessen wird. Auf diese Weise wird das für staatliche Bürokratien typische Bestreben begünstigt, ihren Personalbestand ständig zu vergrößern.

Die Ausdehnung der Staatstätigkeit war bisher mit einer Vollständigkeitsidee eigener Art verknüpft. Öffentliche Leistungen wurden selbstverständlich vom Staat produziert und angeboten. Auch war es nachgerade ein Markenzeichen, daß die Frage nach Entgelt und Kostendeckung – im Gegensatz zur privaten Wirtschaft – weit in den Hintergrund rückte. In diesem Hintergrund mußten dann Effizienz und Rationalisierung unklare und verschwommene Forderungen bleiben. Verkündet der Staat – und das sind, personalisiert betrachtet, die ihn leitenden Politiker – politische Programme und Leistungen, so erfahren diese durch die Bürokratie eine Transformation. Auf dem Weg durch die Institutionen – über Gesetze, Verordnungen und Verwaltungsvorschriften bis hin zur Exekutive – verlieren sie ihren »Polit-Appeal«. Heraus kommen Bestimmungen, Maßnahmen und eine Organisation, bei denen Umfang, Ausgestaltung und Wirkung in keinem Verhältnis zueinander stehen. Agrarpolitik, Sozial- und Bildungspolitik sind moderne Beispiele dafür.

Wachsende Bürokratien haben das Verlangen, konkurrierende Märkte auszuschalten. Es häufen sich die verwaltungswirtschaftlichen Dirigismen, die immer weitere Kreise in die Abhängigkeit von Bürokratien ziehen. Und an die Stelle des Marktes mit seinen Knappheit widerspiegelnden Preisen tritt der Richter, der Behördenleiter mit Gesetzen, Verordnungen und Preisspiegeln. So wird zum Beispiel die als Kündigungsschutz bezeichnete Mietenbindung in das Bürgerliche Gesetzbuch übernommen; sie offeriert den Gerichten in Mietstreitigkeiten zugleich »behördliche« Mietspiegel zur Beurteilung von Vergleichsmieten. Und vom Steuerzahler zu finanzierende kommunale Wohnvermittlungsstellen gewinnen an Bedeutung. Oder: Das neue Bodenrecht bietet den Behörden eine Fülle von Rechten, die leicht mißbraucht werden können. Enteignungsverfahren werden erleichtert, die Eigentumstitel des Bodeneigentums immer stärker eingeschnürt. Weiter: Die Bemühungen, die legitime und notwendige Mißbrauchsaufsicht des Bundeskartellamtes zum Preiskommissariat auszuweiten, haben sich verstärkt.

Die monopolartige Tätigkeit des Staates, der staatliche Versuch, immer weitere Bereiche in die Abhängigkeit seiner Bürokratie zu führen, kann nicht ohne Auswirkung auf die private Wirtschaft bleiben. Denn das Übergreifen des Staates in Bereiche der erwerbswirtschaftlichen Betätigung bedeutet naturgemäß eine Einschränkung des Raumes, der bisher für die freie Wirtschaft und damit für marktwirtschaftliches Handeln offenstand. Das Ausweiten der staatlichen Leistungsfunktion ist gleichbedeutend mit einer Einengung der unternehmerischen Entscheidung und einem zunehmenden Ungleichgewicht in den Wettbewerbsbedingungen für alle Teilnehmer am Marktgeschehen.
Bürokratie, einmal geschaffen, braucht ihre Existenzberechtigung nicht mehr nachzuweisen. Sie ist auch nicht bereit, einmal übernommene Tätigkeiten aufzugeben – und wer könnte sie auch dazu zwingen. Beim Unternehmen vermag dies immer noch der Markt, wenn Wirtschaftlichkeit und Effizienz fehlen. Doch Politik entfaltet bisher jedenfalls nicht diese Kräfte.
Diese Situation hat für den Staat, für die Regierung Konsequenzen. Wenn die öffentliche Leistung für den Politiker – und er ist in dieser Frage als erster angesprochen – nicht mehr gestaltbar ist, höhlt er sein Mandat aus. In den letzten Jahren hat er sich bei steigenden öffentlichen Leistungen seine Verantwortung recht leicht gemacht. Er gestaltete das öffentliche Leistungsangebot ebenfalls expansiv. Doch jetzt heißt gestalten: Revision der Staatstätigkeit als Dauerauftrag. So jedenfalls lautet die Diagnose des Sachverständigenrates. Verantwortungsbewußte Politik kann dieser Aufgabe jetzt nicht mehr aus dem Wege gehen.

V.
Ein neuer Datenkranz für die Wirtschaft der Bundesrepublik

Ölschock, Rezession und Strukturkrise – das sind die Reizworte, denen sich weder Politiker noch Wirtschaftler heute entziehen können. Ein Millionenheer von Arbeitslosen drängt sie zur Entscheidung, zum Handeln, damit es zum Aufschwung kommt. Daß die Rezessionsüberwindung in diesem Jahr gelingt, dafür sprechen viele Anzeichen. Doch anders als nach den Rezessionsjahren 1966/67 stehen diesmal die Weichen eher für einen Aufschwung ohne Schwung. Das Selbstvertrauen der Wirtschaftspolitik hat gelitten. In den Chefetagen großer Firmen bestimmen weit mehr als in den Vorjahren Ungewißheit und Zurückhaltung die Investitionsentscheidungen. Gewerkschaften fordern gezielte Investitions- und Strukturpolitik vom Staat. Und diejenigen, die Studium oder Berufsausbildung gerade beenden, zweifeln, ob ihre Kenntnisse und Fähigkeiten in die Arbeitsplatzstruktur von morgen passen.

Welche Gründe hat diese so verbreitete Unsicherheit? Es ist die zunehmende Ungewißheit und Empfindlichkeit bei Regierung, Unternehmern und Arbeitnehmern: Wie sollen sie auf die Änderung wichtiger Bezugs- und Richtgrößen reagieren? Wichtige Positionen im sogenannten Datenkranz, der die Bedingungen des Wirtschaftens setzt, haben sich innerhalb kürzester Frist verschoben: Umschichtungen in der gesamtwirtschaftlichen Nachfrage bei uns und in anderen Ländern, Änderungen in der Produktionsstruktur und verringerte Einnahmen in den öffentlichen Haushalten. Und Wirtschaftswachstum ist seit kurzem keine Selbstverständlichkeit mehr; es wird auch in Zukunft mager bleiben. Vollbeschäftigung, in früheren Jahren bis zur Überbeschäftigung vorangetrieben, ist jetzt ein unerreichbarer Meilenstein auf der wirtschaftspolitischen Traumstraße. Und wie sieht es mit der Bevölkerungsentwicklung, Grundlage für Produktion und Nachfrage, in den kommenden Jahren bei uns aus?

Bevölkerungsrückgang und Arbeitspotential

Was die Statistiker schon seit einigen Jahren kommen sahen, trat 1974 ein: In diesem Jahr lag in der Bundesrepublik die Zahl der Geburten erstmals unter der Zahl der Sterbefälle, und zwar um 100 000. Damit wird auch der breiteren Öffentlichkeit eine Entwicklung bewußt, die mit dem »Pillenknick« im Jahre 1964 ihren Anfang genommen hatte. Seit dieser Zeit sinkt die Zahl der Geburten.
Ein bis dahin langjähriger positiver Trend nimmt Abschied. Zwischen 1950 und 1974 war die Bevölkerung der Bundesrepublik von 50 auf 62 Millionen gewachsen. Und Wachstum der Bevölkerung bedeutete steigende Nachfrage nach privaten Gütern und öffentlichen Leistungen. Es bedeutete zugleich aber auch ein größeres Angebot an Arbeitsplätzen für die Erwerbstätigen.
Nun aber hat sich der Trend umgekehrt. Für die kommenden zehn Jahre rechnet man mit einem Rückgang der Bevölkerung um zwei Millionen. Einige Konsumgüterzweige – rund um das Baby – haben das sofort zu spüren

bekommen. Andere, wie z. B. die Bekleidungsindustrie, die Freizeitindustrie, aber auch die öffentlichen Haushalte kalkulieren vorsorglich mögliche Folgen. Wird es in den nächsten Jahren vielleicht zu viele Kindergärten und Schulen geben? Werden dagegen geriatrische Kliniken und Altersheime Mangelware sein? Die Bauindustrie feierte bisher mit jedem Jahr die Zahl der fertiggestellten Wohnungen als neuen Rekord – 1973 waren das rund 715 000. Kommt diese Zielgröße aber jetzt nicht ins Wanken? Werden in Zukunft nicht eher Renovierung und Modernisierung des Bestandes Vorrang erhalten? Gesundheitswesen und Sozialpolitik, Bildungspolitiker und Verkehrsfachleute – auch sie müssen Prognosen revidieren, Folgerungen ziehen und neue politische Entscheidungen treffen. Und für die Wirtschaft heißt die Parole: flexible Anpassung des Produktionsapparates.
Neben diesen längerfristigen Trend tritt zugleich aber auch eine Entwicklung, die langfristig gleichmäßiges Disponieren empfindlich stört: In den nächsten Jahren wird die Zahl der Berufsanfänger erheblich steigen. Das ist die Folge der geburtenstarken Jahrgänge. Der Höhepunkt wird für 1979/80 erwartet. Schon fünf Jahre später wird dann die Zahl der Schulabgänger um 17% niedriger als heute liegen. Auf die Wirtschaft kommt damit die Aufgabe zu, in den nächsten fünf Jahren mehr junge Menschen in den Betrieben aufzunehmen als bisher – und das bei verringertem Wirtschaftswachstum. Zwar gibt es Berechnungen, nach denen durch die stärkere Abwanderung der Gastarbeiter die entsprechende Zahl von Arbeitsplätzen frei wird. Aber die Qualität dieser Plätze wird mit dem Ausbildungsstand

der Nachwuchskräfte nicht identisch sein, so daß am Arbeitsmarkt strukturelle Verzerrungen wahrscheinlich sind.
Hinzu kommen die den Arbeitsmarkt belastenden Folgen aus den Änderungen der deutschen Produktionsstruktur. Das wird in den nächsten Jahren dazu führen, daß in einer Reihe von Branchen manche Betriebe nicht mehr wettbewerbsfähig sein werden. Sie werden aus dem Markt ausscheiden, und dies bedeutet für den Arbeitsmarkt zunächst einmal: »Vernichtung« von Arbeitsplätzen. Modellrechnungen haben ergeben, daß in den nächsten zehn Jahren, vor allem im Bereich der Verbrauchsgüterindustrien, bis zu 600 000 Arbeitsplätze verlorengehen werden.
Die rückläufige Bevölkerungsentwicklung vollzieht sich in den meisten Industrieländern. Auch die EG-Staaten weisen insgesamt nur noch geringes bzw. sinkendes Bevölkerungswachstum auf. Deshalb kann auch der Export in diese Länder für die betroffenen Branchen nicht das rettende »Ventil« sein. Und diejenigen Länder, in denen die Bevölkerung stark zunimmt, die Entwicklungsländer, haben nicht oder noch nicht die notwendige Kaufkraft, um in die Lücke zu springen.
Was folgt aus der Änderung dieses gesamtwirtschaftlichen Grunddatums? Die Nachfrage wird sich, mengenmäßig und in ihrer qualitativen Zusammensetzung, ebenfalls verändern. Auf der anderen Seite werden Rückwirkungen auf das Arbeitskräftepotential – nach Umfang und Altersschichtung – folgen.

Marktwirtschaft auf dem Rückzug vor dem Staat

Ein Grunddatum des Wirtschaftens in der Bundesrepublik ist seit ihrem Bestehen die marktwirtschaftliche Ordnung. Seit einigen Jahren aber höhlt ein steter Tropfen dieses entscheidende Datum aus: die Ausdehnung staatlicher Leistungen zum Nulltarif. Nulltarif zielt auf freie Leistungsabgabe an alle – aus dem Motiv, das könne Inflation mindern und Ungerechtigkeiten der Verteilung lindern. Nicht die Nachfrage – die gleichzeitig Bedarf *und* Bereitschaft, für seine Befriedigung zu zahlen, miteinander verknüpft –, sondern ausschließlich der Bedarf soll Umfang und Richtung staatlicher Leistungen lenken. Preise und Produktionskosten sind dann für Versorgungsentscheidungen staatlicher Instanzen von sekundärer Bedeutung.

In der Bundesrepublik hat sich, wie gezeigt, die Tendenz zu mehr Staat ständig verstärkt. Und verstärkt hat sich auch die Neigung, Leistungen öffentlicher Unternehmen, etwa der Verkehrs- und Versorgungsbetriebe, der Müllabfuhr oder Freibäder, zu stark reduzierten bis hin zu »gestrichenen« Preisen anzubieten. Steigende Defizite in den öffentlichen Haushalten, vor allem in den öffentlichen Betrieben, sind das zahlenmäßige Spiegelbild dieser Tendenzen. Diese Defizite steigen. Der Kostendeckungsgrad bei der Bundesbahn zum Beispiel hat sich von 97% im Jahre 1962 über 85% im Jahre 1969 auf 68% 1974 verringert. Speziell im schienengebundenen Personennahverkehr wurde Mitte 1975 ein Kostendeckungsgrad von nur noch 25% erzielt.

Die steigenden Defizite sind zugleich aber auch ein Zeichen dafür, daß der Zwang zu möglichst wirtschaftlicher Leistungserstellung nachläßt – ein Zwang, der der Marktwirtschaft immanent ist. Daß mit dieser Entwicklung ein entscheidender Pfeiler im Kranz der gesamtwirtschaftlichen Daten erschüttert wird, hat der Wissenschaftliche Beirat beim Bundesministerium für Wirtschaft unverschlüsselt signalisiert, wenn er zu der Kosten- und Preispolitik öffentlicher Unternehmen sagt: »Es mag solche dem Bürger in seinem eigenen Interesse zuzuweisende Güter geben, jedoch läßt sich der Bereich solcher Güter in einer marktwirtschaftlichen Ordnung nicht immer weiter ausdehnen, ohne diese Ordnung selbst zu zerstören.«

Konfrontationskurs im Welthandel

Für die Wirtschaft der Bundesrepublik, die über Ein- und Ausfuhren von Jahr zu Jahr immer enger mit den Volkswirtschaften anderer Länder verflochten wurde, gehörte eine auf Liberalisierung des Welthandels zielende Politik – sowohl in unserem Lande als auch bei unseren Handelspartnern – zu einem weiteren wichtigen gesamtwirtschaftlichen Datum. Die Ölkrise vom Herbst 1973 hat dieser Vorstellung einen kräftigen Tritt versetzt. Seit dieser Zeit haben sich die Welthandelsverhältnisse tiefgreifend gewandelt. Das Wertverhältnis zwischen Rohstoffen, insbesondere Erdöl und Industrieprodukten, hat sich spürbar zuungunsten der letzteren verschoben. So stieg zwischen 1970 und 1974 der Preis für Rohstoffe im Weltdurchschnitt um 172%; der Preisanstieg für Fertigwaren hingegen lag im selben Zeitraum bei nur 60%. Es muß jetzt mehr Ware produziert und verkauft werden, um die notwendigen und zu importierenden Rohstoffe zu bezahlen – die Bundesrepublik allein zahlte 1974 23 Mrd. DM für Erdölimporte – 14 Mrd. DM mehr als im Vorjahr! Aus dem Käufermarkt der früheren Jahre ist schlagartig ein Verkäufermarkt geworden.

Für die westlichen Industrieländer zusammengenommen haben sich dadurch die Welthandelsbedingungen verschlechtert. Ihr Anteil am Weltexport sank zwischen 1970 und 1974 von 69,2 auf 63,4%, während die Entwicklungsländer ihren Anteil von 17,8 auf 27,4% steigern konnten. Vier Fünftel dieser Zunahme, so haben Untersuchungen inzwischen ergeben, wurden allein durch Steigerung der Mineralölpreise verursacht.

Aber es sind nicht nur die völlig unerwarteten Preisstöße, die das bisherige Planungs- und Kalkulationsschema der Unternehmen über den Haufen geworfen haben. Die Ölkrise reflektiert zugleich ein neues Verhalten der rohstoffexportierenden Länder. Die »Dritte Welt«, insbesondere die erdölreichen Länder, sind sich ihrer wirtschaftlichen und politischen Macht bewußt geworden. Und die Industrieländer befürchten einen Konfrontationskurs dieser Länder. Rohstoffkartelle, künstliche Verknappungen, Liefersperrungen und damit eine Gefährdung der eigenen längerfristigen Versorgung mit Rohstoffen könnten zu Instrumenten gerade jener Machtpolitik werden.

Die Rohstoffländer haben ihre Machtposition inzwischen bezogen. Ihre Forderungen und das Klima bei internationalen Verhandlungen, ganz besonders deutlich bei den Vereinten Nationen in New York, sind dafür Indiz. Ob es gelingt, ihren Konfrontationskurs zu stoppen und eine Basis für mehr Kooperation mit den Industrieländern zu schaffen, ist zur Zeit noch offen. Sicher ist nur, daß sich auch hier der Datenkranz verschoben hat. Die Zahl der Handelspartner, bei denen die Liberalisierung des Welthandels Priorität hat, nimmt ab, und die Versorgungssicherheit wird zu einem neuen Faktor bei Disposition und Kalkulation.

Inflation und Verteilungskampf als ständige Begleiter?

Zum veränderten Datenkranz gehört – offensichtlich – auch die Gewöhnung an mehr Inflation. Oder – man sollte es deutlicher sagen: Die Regierung ist – aus welchen Gründen auch immer – heute mehr als früher bereit, Inflation hinzunehmen. Seit Beginn der 70er Jahre hat die Bundesrepublik, betrachtet man das Preisniveau auf der Verbraucherstufe, Steigerungsraten aufzuweisen, die jene der davorliegenden Jahre bei weitem übertreffen. Und die Feststellung eines international renommierten Ökonomen, daß bisher jeder Konjunkturaufschwung einen immer höheren Inflationssockel zur Basis gehabt habe, trifft auch für die Bundesrepublik zu: Der Aufschwung nach den Rezessionsjahren 1966/67 begann bei einer Rate von +1,6%. Kommt es 1976 zum Aufschwung, so baut er auf einer Rate von rund 5% auf.

Die Sorge um die Arbeitslosigkeit hat das Inflationsproblem aus dem Blickfeld der Öffentlichkeit in den Hintergrund gedrängt – obwohl sich ja gerade gezeigt hat, wie eng beide Probleme miteinander verknüpft sind. Aber damit gelangt man schon zu der Frage nach den Ursachen dieses nicht weichen wollenden Inflationsfiebers. Zentrale Ursache ist der Verteilungskampf, den die Tarifpartner, der Staat und seit 1973 neu hinzugetreten die OPEC-Länder um die Anteile am deutschen Sozialprodukt führen. Eine extrem hohe Lohnquote, ein expandierender Staatsanteil – ohne daß der Staat gleichzeitig die Wünsche der Privaten an das Sozialprodukt zurückgedrängt hätte – und schließlich der im »Vorweg-Abzug« über den drastisch erhöhten Ölpreis praktizierte direkte Zugriff der Öländer – alle diese Forderungen zusammen überstiegen das volkswirtschaftliche Leistungsvermögen bei weitem. Dabei verschoben sich die Anteile am Sozialprodukt ständig zuungunsten der produzierenden Wirtschaft. Es kam ab 1969 zu einem regelrechten Inflationsschub, der seinerseits eine bisher nicht bekannte neue Entwicklung in Gang setzte; die Inflationserwartung als eigene Inflationsursache. Alle Verteilungskämpfer hatten natürlich ihre Vorstellungen – nicht zur Stabilisierung, sondern zum Fortgang der Inflation. Und indem sie diese bei ihren Lohn- und Preisforderungen zahlenmäßig von vornherein einrechneten und erst dann zur Tagesordnung des eigentlichen Verteilungskampfes übergingen, heizten sie den Inflationsmotor noch zusätzlich an. Verteilungskampf und Inflation – sie waren inzwischen zum ständigen Begleiter der Wirtschaft geworden. Nur ihre Schatten, die ahnten sie noch nicht.

Mit dem Übergang zu flexiblen Wechselkursen im März 1973 bekam die Bundesbank die Möglichkeit, die Geldversorgung der Wirtschaft zu begrenzen. Sie schuf sozusagen die Banden, innerhalb derer sich die Verteilungskämpfer irgendwie arrangieren mußten. Hätten sie diese neue Bedingung, vor allem bei den Lohnverhandlungen im Frühjahr

1974, ernstgenommen, wäre weitere Inflation und in ihrem Gefolge die Arbeitslosigkeit von heute erspart geblieben. Vor die Entscheidung gestellt, diesen Rahmen entweder mit Stabilität und mehr Beschäftigung oder mit Inflation und Arbeitslosigkeit auszufüllen, haben sie sich um des illusionären Erfolges willen für die schlechtere Alternative entschieden. In dem eng gezogenen Rahmen der Geldversorgung aber hat sich die Inflation aus den Unternehmenserträgen »finanziert« – nachdem überhöhte Lohnquote sowie gestiegene Steuer- und Abgabelasten gegenüber dem Staat nicht vermindert wurden. Und das hat bis heute eine lang andauernde Ertragskompression zur Folge. Daraus resultiert der Rückgang der Investitionsneigung. Fehlende Investitionen bedeuten aber kurzfristig Nachfrageausfall und langfristig Mangel an neuen Arbeitsplätzen. So schließt sich ein Teufelskreis.
Heute lautet die Frage, ob die Verteilungskämpfer, und auch der Staat, aus dieser bitteren Erfahrung klüger geworden sind. Pessimisten befürchten das Gegenteil. Für sie gerät die Wirtschaftspolitik der nächsten Jahre vom Regen der Rezession in die Traufe der langlebigen Stagflation, das heißt des gleichzeitigen Nebeneinanders von hoher Inflation und starker Arbeitslosigkeit. Belebt sich nämlich die Konjunktur auf der Basis eines hohen Inflationssockels, so belebt sich auch die Inflationserwartung für die Zukunft. Sie aber vergiftet den Verteilungskampf. Behielten die Pessimisten recht, so wären Inflation und Arbeitslosigkeit neue Daten unserer Volkswirtschaft.

Strukturwandel ist unaufhaltsam

Die Lohnquote ist in der Bundesrepublik außerordentlich hoch: 1975 erreichte der Anteil der Bruttoeinkommen aus unselbständiger Arbeit am Volkseinkommen 71,7% gegenüber noch 60,6% im Jahre 1960. Und betrachtet man sie »bereinigt«, also bei einem zu Vergleichszwecken konstant gehaltenen Anteil der Arbeitnehmer an den Erwerbstätigen auf der Basis 1960, so kletterte sie immerhin von 60,6% auf 65,7%.

Diese Entwicklung trägt ganz entscheidend dazu bei, die internationale Wettbewerbsfähigkeit der deutschen Wirtschaft empfindlich zu treffen. Das deutsche Lohnniveau ist »zu hoch« – das gilt für den Vergleich mit den Lohnniveaus anderer Länder, vor allem aber für den Vergleich des deutschen Güterangebots mit dem des Auslandes. Denn in den Güterpreisen spielt der Lohnkostenanteil eine ausschlaggebende Rolle. Im Laufe der Jahre sind neue Anbieter auf den Weltmärkten und auch auf dem Binnenmarkt mit deutschen Unternehmen in Wettbewerb getreten. Dabei nähert sich ihr Angebot Schritt für Schritt der deutschen Güterpalette – nur mit dem großen Unterschied, daß die Preise der Konkurrenten wegen niedrigerer Lohnkostenanteile auch niedriger sein können. Das tritt bei den Verkaufsverhandlungen deutlich zutage.

Neue Anbieter auf den Weltmärkten verschärfen den internationalen Wettbewerb. Konkurrenzdruck geht zunehmend auch vom Angebot der Entwicklungsländer aus. Das bekommen einige Branchen in der Bundesrepublik bereits deutlich zu spüren – etwa die Textil- und Bekleidungsindu-

strie, die Ledererzeugung und -bearbeitung wie auch die holzverarbeitende Industrie. Kräftig nach oben ziehende Erhöhungen bei Rohstoffpreisen und Löhnen tragen das ihre zur Veränderung der Wettbewerbspositionen bei. Und mit dem Abbau von Zollschranken, vor allem aber mit der Freigabe der Wechselkurse im Frühjahr 1973 schlagen diese Entwicklungen voll auf die Märkte durch, auf die Unternehmen, ihre Erträge, ihre Investitionsplanungen.
Kritische Wirtschaftspolitiker fragen, ob die Entwicklung in der Vergangenheit falsch gewesen sei, wo die Fehler liegen könnten und was für die Zukunft besser zu tun wäre. Es wächst das Bewußtsein, daß die Industrieländer und auch die Bundesrepublik aus der gegenwärtigen Rezession nicht ohne tiefgreifende Veränderungen ihrer Wirtschaftsstruktur hervorgehen werden.
Die Veränderung der Wirtschaftsstruktur ist ein ständiger Prozeß. Nur ihr Tempo ist unterschiedlich. In der Bundesrepublik hat sich der Wandel von Produktions- und Beschäftigungsstruktur vor allem seit der ersten Hälfte der siebziger Jahre drastisch beschleunigt. Und aus den Erfahrungen anderer hochindustrialisierter Länder läßt sich eine generelle Richtung sehr wohl erwarten: weiteres Schrumpfen des überwiegend agrarbestimmten primären Sektors, Abnahme des sekundären Industriesektors und Ausbau des sogenannten tertiären Dienstleistungssektors. Aber diese Erfahrung, für die künftige Linie der Wirtschaftspolitik von großem Wert, hilft den Unternehmen und ihren Beschäftigten im Augenblick nicht über den Berg. Dazu tut die weltweite Rezession ein übriges, um die ohnehin schmerzhaften Konsequenzen der strukturellen Spannungen zu vertiefen.

Der Strukturwandel, seine Folgen und seine Risiken werden in die Entscheidungen der Wirtschaftspolitik und der Unternehmen einbezogen werden müssen. Dabei wird viel von der künftigen Lohnpolitik abhängen. Der gegenwärtige Zustand eines extrem hohen Lohnniveaus bei gleichzeitig weitverbreiteter Arbeitslosigkeit ist jetzt und auf Dauer untragbar. Verdient der Arbeitsmarkt noch die Bezeichnung »Markt«, dann muß es schnellstens zu einem Ausgleich zwischen Lohn und Beschäftigung kommen – und zwar zugunsten der Arbeitslosen. Davon werden letztlich alle profitieren. Man wird dabei – auf mittlere Sicht – nicht übersehen, daß sich im Lohnniveau natürlich auch der Ausbildungsstand, die Ausbildungsinvestitionen, widerspiegeln. Der Strukturwandel und seine Richtung sind, so gesehen, nicht nur ein Appell für ein »Zurück«. Er fordert auf zu einer Vorwärtsstrategie, die sämtliche Investitionen nutzt, in die Kenntnisse und Technologien einbezogen werden, bei denen die Bundesrepublik einen internationalen Vorsprung hat und weiter halten kann.

Verringertes Wachstum bei verschobenem Datenkranz?

Strukturwandel, Bevölkerungsrückgang und angegriffene Wettbewerbsposition, dazu eine neue Mentalität gegenüber der Inflation und der Wirtschaftsordnung – das alles sind Kräfte, die den bisherigen Datenkranz für das Wirtschaften in Bewegung gebracht haben. Und sie scheinen den Wachstumspessimisten recht zu geben. Ressourcen und Ökologie, aber auch die gesellschaftspolitische Umwelt signalisieren Grenzen des Wachstums. Und die Vorboten kündigen sich

an: Zum ersten Mal oszillierte die Kurve des realen Wirtschaftswachstums in der Bundesrepublik 1974 und 1975 um bis unter den Nullpunkt. Bisher gab es allenfalls konjunkturelle Dellen. Das war zum Beispiel 1967. Sonst aber stieg das reale Wachstum der Wirtschaft ständig und stetig.
Die amtliche Wirtschaftspolitik mag die Einschätzung der künftigen Entwicklung – mehr optimistisch, mehr pessimistisch, wie sie gebündelt von Wirtschaftsorganisationen verkündet wird – oft störend empfinden, vor allem, wenn sie ihre eigenen Visionen nicht bestätigt. Schnell wird jene Einschätzung dann als »Politpsychologie« deklariert. Wichtiger jedoch sind die nüchternen Sachverhalte. Und hier dürften Folgen und Chancen aus dem beschleunigten Strukturwandel entscheidend sein. Sie verändern die Standortqualität der Bundesrepublik. Diese Veränderungen wirken auf die Investitionstätigkeit, den wichtigen Motor der wirtschaftlichen Entwicklung, zurück. Die Investitionen werden sich in ihrer Zusammensetzung ändern. Verringern dürfen sie sich aber in Zukunft sicher nicht. Tatsächlich liegt die Investitionstätigkeit seit Jahren danieder. Das Anlagevermögen der deutschen Industrie hat sich zwar zwischen 1960 und 1974 mehr als verdoppelt. Eine Betrachtung von Jahr zu Jahr macht aber deutlich, daß der Schwerpunkt dieser Entwicklung ausschließlich in den 60er Jahren lag. Seit 1970 jedoch hat sich das Wachstum des realen Anlagevermögens rapide verlangsamt. Auf der anderen Seite nimmt der Umfang an veralteten Maschinen und anderen Produktionsanlagen zu, so daß im Endeffekt der Zuwachs an neuen Kapazitäten unter dem Niveau liegt, das für künftiges Wirtschaftswachstum erforderlich ist. Hier liegt also eine

ganz entscheidende Schwäche, ja – heute bereits feststehend – eine Grenze für künftiges Wirtschaftswachstum. Da würden auch – wie das Deutsche Institut für Wirtschaftsforschung in Berlin resümiert – ein oder zwei investitionsstarke Jahrgänge in einem Konjunkturaufschwung nicht genügen, um diese mehr als ungünstige Altersstruktur des Produktionsapparates in Richtung auf ein stärkeres Produktivitätswachstum zu verbessern. Die gegenwärtigen Ungewißheiten über Ausmaß und Richtung der strukturellen Veränderungen bei gleichzeitig deprimierenden Ertragsaussichten verstärken ihrerseits noch die Investitionslethargie. Das schreibt in der Tat enge Grenzen für das Wirtschaftswachstum fest. Unter diesen Bedingungen benötigen die Entscheidungen für neue Investitionen einfach mehr Zeit. Und auch dann, wenn sich am Entscheidungshorizont neue Entwicklungslinien abzeichnen, wird es noch einmal Zeit benötigen, bis neue Investitionen realisiert sind. Der Appell aus dem Strukturwandel zur Vorwärtsstrategie muß sehr viel mehr bewegen als etwa die Schreibmaschinen, die – nach altem Muster – nur neue Forderungen an den Staat drucken können, Forderungen etwa nach sektoraler Strukturpolitik oder nach Erhaltungssubventionen. Walter Eucken, auf den das anschauliche Bild vom Datenkranz zurückgeht, war in seinen Forderungen sehr viel anspruchsvoller. Aufgabe der Wirtschaftspolitik ist nicht die Anpassung an Daten, sondern ihre Veränderung. Wirtschaftspolitik muß die Kräfte wieder wecken und stärken, die die Herausforderung aus der Datenverschiebung annehmen. Dann sind Wachstumseinbußen keine schicksalhafte Konsequenz.

VI.
Es gibt kein Butterbrot umsonst!

Staatsgläubigkeit, Vernachlässigung des Kosten-Nutzen-Prinzips, gleichmacherische Vorsätze ohne ausreichende Planung des Möglichen und seiner Rangfolge scheinen bei der Wählerschaft weniger gefragt. Heute tritt ein anderer Staat wieder stärker in die Erwartungen: der Staat als helfende Hand in einer prinzipiell auf Leistung und Selbsthilfe orientierten Gesellschaft, aber nicht als gigantischer und bürokratischer Umverteilungsmechanismus, als Füllhorn vieler Wohltaten!

Unter dem Druck veränderter Wirtschaftsdaten und unter dem Druck der leeren Kassen beginnt sich in der Bundesrepublik seit dem Jahre 1975 eine gewisse Tendenzwende abzuzeichnen, eine Erscheinung, die sich am zutreffendsten wohl als Ernüchterung nach einer Zeit des Reformsturmes und Ausgabendranges beschreiben läßt.

Eine neue Lastenverteilung zwischen Staat und Bürger ist so gesehen nicht nur sachlich geboten, sondern muß die Zustimmung der Bürger und Wähler bekommen. Dies ist eine Aufgabe der Politiker, die sich dem Wohl der Bürger, der Freiheit und nicht einer einseitigen Ideologie verpflichtet wissen.

Ein Ausweg aus der schwierigen Situation ist also denkbar, wenn alle Akteure in Politik, Wirtschaft und Wissenschaft sowie alle Gruppen der Gesellschaft und auch jeder Bürger bereit sind, Abschied zu nehmen von der Gefälligkeitsdemokratie und permissiven Gesellschaft. Das heißt konkret: Die politischen Kräfte müssen in behutsamen Schritten auf eine größere Selbstbeteiligung des einzelnen und eine Verstärkung seiner Risikobereitschaft hinwirken. Ziel muß dabei ein neues Werteverhältnis von individuellen Abgaben und staatlicher Leistung an die Gesellschaft sein – es muß zu neuen gesellschaftspolitischen terms of trade kommen.

In einem System der Sozialen Marktwirtschaft mit dieser neuen Aufgabenstellung müssen nicht kollektive Vorleistungen, sondern individuelle Initiative, Kreativität und Aktivität Vorrang haben. Dazu soll der Staat durch marktadäquate Anreize und durch sozial verpflichtende Datensetzung motivieren.

In vielen staatlichen Bereichen – das wurde im einzelnen gezeigt – ist die wirtschaftliche Effizienz gering, sind Fehllenkungen, unproduktiver Faktoreinsatz und Lethargie dagegen groß. Es sind aber gerade die Bereiche, in die der Staat ganz massiv interveniert.

Die leeren Kassen haben den Zug für Staatsinterventionen angehalten. Ausgabenkürzungen und damit notwendigerweise auch Leistungsverringerungen sind, wie die Haushaltsplanungen zeigen, die Folge. Den Ausgabenkürzungen stehen die Versuche gegenüber, die öffentlichen Einnahmen zu verbessern: drastische Anhebungen bei den kommunalen Gebühren, Anhebungen auch bei den Abgaben der Sozialpartner.

Sind diese Veränderungen ein Zeichen dafür, daß die »Tendenzwende« vom Staat erkannt und im politischen Alltag tatsächlich vollzogen wird? Führt diese Politik zu

einer Intensivierung der individuellen Leistungsbereitschaft des Wettbewerbs und zu mehr Marktwirtschaft? Hat sie im Endeffekt wirklich weniger Staat und dafür größere Elastizität von Wirtschaft und Verwaltung zur Folge? Diese größere Elastizität ist unverzichtbar, will man den neuen Daten des Wirtschaftens, dem Strukturwandel und dem enger gewordenen Wachstumsspielraum nicht nur fatalistisch begegnen.
Wer glaubt, eine solche »Tendenzwende« sei in Gang gekommen, unterliegt einer Täuschung. Die Aufgaben für die nächsten Jahre fordern mehr als nur eine Frontbegradigung öffentlicher Finanzen. Sie erfordern eine neue Politik, die der privaten Initiative grundsätzlich den Vorrang vor staatlicher Bevormundung gibt, die den Regeln des Wettbewerbs mehr vertraut als den Vorschriften der Bürokratie. Deshalb:

- weniger Staat und mehr Effizienz bei Einsatz der knapper gewordenen Ressourcen
- weniger Bürokratie und mehr Wettbewerbsdenken, auch in der Verwaltung
- weniger Bevormundung durch den Staat, statt dessen Ermunterung zur eigenen Verantwortung.

Weniger Staat, mehr Effizienz

Die Forderung nach weniger Staat stolpert gleich über das Ausmaß des staatlichen Vermögensbestandes. Die öffentliche Hand ist in der Bundesrepublik nicht arm, sondern viel zu reich. Es wäre für den Wohlstand aller viel besser, der Staat, d. h. die öffentliche Hand in ihrer Gesamtheit, würde

bei der eigenen Vermögensbildung zugunsten der privaten Vermögensbildung zurückstehen.
Die kollektive Vermögensbildung der öffentlichen Haushalte und der Staatsunternehmen machte in der Bundesrepublik in der Nachkriegszeit etwa 40% der gesamten Vermögensbildung aus.
Heute ist das Staatsvermögen größer als das aller privaten inländischen Unternehmen. Diese fortschreitende Vermögensbildung beim Staat bringt dem Bürger keine Vorteile. Allerdings ist nicht alles Wirtschaftsvermögen des Staates verkäuflich, zumindest nicht innerhalb eines kurzen Zeitraumes. Aber das veräußerungsfähige staatliche Wirtschaftsvermögen wird auf 150 Mrd. DM geschätzt. Man könnte sich einen Veräußerungszeitraum von 20 Jahren vorstellen.
Zur Disposition sollten alle öffentlichen Unternehmen stehen, die
- der staatlichen Fürsorgepflicht entwachsen sind und
- sich mit Erfolg im Markt behaupten können.
Zwar haben die großen Privatisierungsaktionen Ende der 50er, Anfang der 60er Jahre zu vielen Enttäuschungen geführt, vor allem auch weil die Aktien damals quasi als Garantieschein für hohe Dividende und stabile Kurse angeboten wurden. Eigentlich ging es damals insbesondere darum, ein breites Publikum für diese Anlageform zu gewinnen. Heute kommt erschwerend hinzu, daß zumindest zum gegenwärtigen Zeitpunkt eine Placierung beim Sparer nur schwer realisierbar ist. Um die Privatisierung staatlicher Unternehmen vorzubereiten, müssen sie eine Unternehmenspolitik verfolgen, die sie für Anleger attraktiv macht.

Dazu gehören:

- Kostendeckung bei Gebühren und Tarifen, sofern ein Defizit nicht durch offene Subventionen gedeckt werden soll
- Einschränkung der Sozialtarife auf wirklich bedürftige Personengruppen sowie Erstattung der so bedingten Mindereinnahmen durch offene Subventionen
- Führen von staatlichen Regiebetrieben nach privatwirtschaftlichen Grundsätzen – besonders solcher, die in Konkurrenz zu Privatbetrieben stehen.

Die private Wirtschaft muß generell an der staatlichen Aufgabenerfüllung beteiligt werden. Das gilt sowohl für Leistungen, die für Private rentabel sind, als auch für Leistungen, die nicht gewinnbringend sind, weil diese durch offen ausgewiesene Subventionen alimentiert werden können. Soziale Gesichtspunkte sind daher kein grundsätzliches Hindernis für die Privatisierung öffentlicher Aufgaben.
Entscheidend ist allerdings, daß Leistungen Privater nicht durch staatliche Reglementierung zementiert werden. Mit dem Instrument des finanziellen Anreizes muß die Privatwirtschaft auf das öffentliche Ziel hingelenkt werden, ihren Leistungswillen, ihre Risikobereitschaft, das Gewinnstreben und das Handlungspotential in den Dienst der öffentlichen Bedürfnisse zu stellen. Das bedeutet aber, daß die Regeln des Wettbewerbs, die Steuerung durch den Markt und freie Preisbildung zum Zuge kommen. Als Hilfsmittel sind neben sozial motivierten Zuschüssen vertragliche Regelungen oder Mitsprache in Aufsichtsratsgremien zu erwägen, um die optimale Versorgung der Bevölkerung sicherzustellen.

Die Einschaltung der Wirtschaft in die staatliche Aufgabenerfüllung kann allerdings nicht bedeuten, daß der Staat seine Verantwortung aufgibt. Der Staat muß sich allerdings auf seine Überwachungs- und Kontrollaufgaben konzentrieren, ohne sich organisatorisch oder finanziell voll zu engagieren.
Wie aber gewinnt die verfassungsmäßig verantwortliche politische Führung die Freiheit zurück, weniger, aber »besseren« Staat vorzuleben? Die Antwort liegt in den Parteien und den gesellschaftlichen Gruppen, die dazu aufgerufen sind, dem einzelnen Bürger und nicht dem eigenen Interesse zu dienen. Gerade die politische Führung muß ihre Vorbildfunktion wahrnehmen, sich der Gemeinwohlpolitik verschreiben und sich der Interessenverflechtung entziehen.
Die dafür erforderliche Autorität wird ihr aber nur dann zuwachsen, wenn sie selber praktiziert, was Sozialpflichtigkeit verlangt. So muß z. B. die politische Führung – auch als Parteiführung auf Wählersuche – Ziele des staatlichen Gemeinwohls über Gruppeninteressen stellen.
Die Parteien sind das politisch bestimmende Element unserer Demokratie. Trotz zunehmendem Gewerkschaftseinfluß sollten sie es auch bleiben. Leider geht die Qualität der Politik nicht weiter, als der Gesichtskreis der Parteien dieses erlaubt. Hier wird die Gefahr für die Zukunft deutlich. Hier tut sich das Dilemma des modernen Parteienstaates auf. In ihm können nur jene Ideen und Meinungen zur Durchsetzung kommen, welche die – wie auch immer vermittelte – Billigung der Mehrheit der Wähler finden.
Das Karlsruher Diätenurteil vom 5. November 1975 läßt deutlich werden – mehr als bisher zugegeben wurde –, daß politische Interessenverfilzung abgebaut werden muß.

EINE INTERESSANTE ANREGUNG

mit der Bitte um freundliche Beachtung

Um diesem Buch von Birgit Breuel eine möglichst weite Verbreitung bei den an unserer wirtschaftspolitischen Lage und Entwicklung Interessierten zu sichern, planen wir eine zweite Großauflage. Die Streuung der Exemplare wollen wir durch die Gewährung von Mengenpreise erleichtern, die Sie umstehend verzeichnet finden.
Bitte teilen Sie uns bald mit, wie viele Exemplare Sie benötigen. Sie erleichtern uns damit die richtige Disposition der notwendigen Neuauflage.
Wir versenden die Exemplare auch gern an Anschriften, die Sie uns aufgeben.

Hiermit bestellen wir über die Buchhandlung:

Birgit Breuel, Es gibt kein Butterbrot umsonst

.....	1	Exemplar	pro Stück 6.80 DM
.....	1o	Exemplare	pro Stück 6.40 DM
.....	25	Exemplare	pro Stück 6.00 DM
.....	50	Exemplare	pro Stück 5.60 DM
.....	100	Exemplare	pro Stück 5.20 DM
.....	250	Exemplare	pro Stück 4.80 DM
.....	500	Exemplare	pro Stück 4.40 DM
.....	1000	Exemplare	pro Stück 4.00 DM
.....	2000	Exemplare	pro Stück 3.60 DM
.....	3000	Exemplare	pro Stück 3.00 DM
.....	5000	Exemplare	pro Stück 2.20 DM

Name/Bestellzeichen: ....

....

Firma: ....

Adresse- ....

....

Werbeantwort

Bitte als
Postkarte
frankieren

ECON
VERLAGSGRUPPE
Postfach 9229

4000 Düsseldorf 1

Es ist bedauerlich, daß der gesetzesfreudige Gesetzgeber die für ihn notwendigen Konsequenzen nicht selber gezogen hat. Statt dessen läßt er sich durch ein mehr oder weniger zufällig angestrengtes Verfahren in Karlsruhe dazu zwingen, Konsequenzen zu ziehen, und zwar schnell!

Dazu ein Beispiel aus dem politischen Alltag: Im staatlichen Versorgungsunternehmen können sachliche Entscheidungen oft nicht mehr getroffen werden, weil die von der öffentlichen Hand entsandten Aufsichtsratsmitglieder sich nicht gegen ihre Funktionäre in den Unternehmen behaupten können bzw. wollen. Grund: Sie sind bei einer Wiederwahl von ihnen abhängig. Umgekehrt gibt es gerade in den Stadtstaaten Fälle, in denen die Vorstände der Unternehmen gleichzeitig Abgeordnete sind. Das schränkt insofern das parlamentarische Kontrollrecht ein, als diese betriebstechnisch je einem Senator unterstehen, der sie eigentlich kontrollieren sollte. Noch weitere Beispiele: Im Bundestag und in den Landesparlamenten stellen die öffentlich Bediensteten die größte Berufsgruppe dar. Oder: Über 60% der Abgeordneten sind gewerkschaftlich organisiert. Andere Abgeordnete sind durch die Interessen wirtschaftlicher Verbände gebunden. Diesen stellt sich die Frage nach dem Zusammenhang zwischen spezifischer Interessenvertretung und dem Gemeinwohl.

Mit Recht greift Karlsruhe daher einen wunden Punkt auf: die angemessene Entschädigung der Abgeordneten, um ihre finanzielle Unabhängigkeit besser zu sichern. Gleichzeitig wird eine Besteuerung der Abgeordneteneinkünfte gefordert. Das erscheint schon deswegen sinnvoll, weil die Abgeordneten dann die Auswirkungen ihrer politischen Entscheidungen auch am eigenen Portemonnaie spüren werden.

Das Bundesverfassungsgericht will auch Privilegien der öffentlich Bediensteten abbauen. Allerdings weist das Urteil hier eine Schwachstelle auf. Während bei konsequenter Durchführung des Urteils öffentlich Bedienstete, die parlamentarisch tätig werden, gegenüber anderen in Zukunft u. U. »benachteiligt« werden, bleibt die Frage nach der Kompatibilität unbeantwortet. Dabei dürfte doch unbestritten sein, daß diejenigen, die in staatlichen Diensten stehen, nicht gleichzeitig die Tätigkeit des Staates kontrollieren können.

Genauso unbestritten dürfte sein, daß Abgeordnete nicht gleichzeitig aktive Verbandsvertreter sein können. Eine wirkliche Interessen*ent*flechtung wird also erst dann erreicht, wenn jeder Abgeordnete während der Wahrnehmung seines Mandats alle übrigen Tätigkeiten ruhen läßt – zumindest in den Länderparlamenten, erst recht im Bundestag.

Die Frage nach Interessenverflechtung stellt sich besonders bei den großen Gruppen in diesem Lande. Gerade der DGB betrachtet sich aufgrund seiner Organisationsmacht, seiner wirtschaftlichen Kraft und seiner Vertreter in Legislative, Exekutive und Medienräten als Ersatz und Konkurrenz der Parteien. Diese Entwicklung wird durch das neue Gesetz der paritätischen Mitbestimmung verschärft, das darauf hinausläuft, die unmittelbare Mitwirkung und Mitbestimmung der Arbeitnehmer und Bürger tendenziell durch Verbands- und Organisationsmitbestimmung abzulösen. Die aus Parität folgende, faktische Bindung der Wirtschaft an den DGB muß unweigerlich zu noch stärkerer einseitiger Machtkumulation führen. Umgekehrt stellt sich bei den Wirtschafts- und Berufsverbänden – vor allem wenn sie sich – wie jetzt BDI und BDA – noch stärker zusammenschließen – die Frage, ob sie ihre Quasi-Monopol-Stellung nicht dazu benutzen, die Fortentwicklung der Sozialen Marktwirtschaft, vor allem der sozialen Seite, zu behindern. Schließlich besteht die Gefahr, bei der Konzentrierung auf zwei Großorganisationen alle Probleme nur noch aus der Brillle der Tarifpartner zu sehen mit der Gefahr einer Paritäts-Konstellation im Sinne eines Interessenausgleichs nach dem Motto do ut des!

Eine allmähliche Interessenentflechtung – sie ist unbedingt notwendig, um aus dieser Gefahr des Patt herauszukommen – wäre nur erreichbar, wenn sich die großen gesellschaftlichen Gruppen folgende Überlegungen zu eigen machten:

- keine eigene unternehmerische Tätigkeit
- Offenlegung der Finanzen
- kein instanzhaftes Abhängigkeitsverhältnis zu anderen Institutionen
- demokratische Wahl- und Entscheidungsverfahren.

Die Forderung nach weniger Staat und mehr Effizienz geht also davon aus, daß Macht und Verantwortung im demokratischen Staat neu geordnet und für den Bürger und Wähler durchschaubar gestaltet werden müssen. Nur so gewinnt der Staat die Autorität zurück, die er zur Durchführung seiner Aufgaben benötigt. Die politische Führung muß akzeptieren, daß nur ganz allgemeine Ziele, wie z. B. Frieden und Freiheit, gesamtgesellschaftliche Interessen darstellen. Nur durch diese Allgemeinheit können die Entscheidungen des Staates freiheitlich und gerecht sein. Natürlich bedeutet gerade dieser Zwang zur Allgemeinheit die Mühsal der täglichen Politik, weil er nicht jeden Einzelfall lösen kann. Da aber nur so die Gleichmäßigkeit öffentlicher Leistungen gewährleistet werden kann, ist die Zielvorstellung vorgezeichnet. Die dadurch entstehende Lücke muß durch die Verantwortung des einzelnen ausgefüllt werden.

Weniger Bürokratie, mehr Wettbewerb

1969, so konnte man glauben, machte man sich die Beschränkung auf nur allgemeine Ziele zu eigen. Es blieb Willy Brandt vorbehalten, diesen Eindruck zu erwecken. Denn die Frage nach der Machtverteilung im demokratischen Staat beantwortete er mit dem Motto: Wir wollen mehr Demokratie wagen. Gutgläubige meinten, jetzt werde die Bevölkerung stärker als bisher an wichtigen Entscheidungen beteiligt. Tatsächlich jedoch entpuppte sich diese politische Maxime als eine Ausweitung der Sachgebiete und Lebensbereiche, in die die Bürokratie Einzug hielt. Bürokratie segelte unter der Flagge von mehr Demokratie!
Für diese neue Linie gibt es eine Erklärung. Ursprünglich war die SPD davon ausgegangen, daß der Staat eine Herrschaftsmacht sei, die die Wahrnehmung von Ordnungsaufgaben an sich gerissen habe, welche die Gesellschaft doch viel besser in eigener Regie wahrnehmen würde. Dabei bleiben die Sozialisten nicht stehen. Sie berufen sich auf einen gesellschaftlichen Auftrag und nehmen ihn auch ohne Zögern für sich in Anspruch. Nur übersehen sie, daß es bei

den Interessen und Vorstellungen der Gesellschaft in Wirklichkeit meist um partikulare Interessen und Vorstellungen geht. Sie erkennen es nicht, vielleicht wollen sie es auch nur nicht eingestehen, daß die Gesellschaft als ein einheitliches und handlungsfähiges Ganzes Utopie ist.
In der Regierungspraxis haben sie dann allerdings gelernt, daß die Gesellschaft sich erst durch den Staat handlungsfähig macht. Nur führte das dann nicht zu der proklamierten Demokratisierung des Gemeinwesens, sondern zur Vergesellschaftung und Bürokratisierung des Staates.
Ein Blick auf die totalitären Staaten des Ostens macht deutlich, daß Bürokratie gerade dort wuchert, wo demokratische Verteilung von Macht und Verantwortung nicht geduldet wird. Ist so gesehen nicht Bürokratismus die westliche Form des Sozialismus?
Nun soll nicht das Kind mit dem Bad ausgeschüttet werden. Wo es um die gleichmäßige Anwendung von Gesetzen geht, wie in der Rechtsprechung oder in der Finanzverwaltung, ist eine leistungsfähige Verwaltungsbürokratie unerläßlich. Eine Politik jedoch, die Produktion und Angebot von öffentlichen Gütern automatisch gleichsetzt mit staatlicher Entscheidungs- und Verwaltungsbürokratie, hat mit dem Zweck einer leistungsfähigen Verwaltung wenig im Sinn. Und es wäre auch ein Holzweg, wollte man auf diese Weise das Angebot öffentlicher Leistungen unter möglichst optimalen Bedingungen erreichen. Eine solche Politik ist zu harmlos gegenüber den unübersehbaren Schwächen im staatlichen Sektor – der Schwerfälligkeit der Verwaltung und dem mühsamen, zeitraubenden und oft auch im Ergebnis unbefriedigenden politischen Willensbildungs- und Entscheidungsprozeß.

Mit Regelbeförderung, Besitzstandwahrung, starren Laufbahnordnungen, mangelndem Personalmanagement oder schwerfälligen Entscheidungs- und Delegationsprozessen ist dieses Ziel nicht erreichbar. Politischer Wille muß erreichen, daß wesentliche Teile des öffentlichen Sektors unter den Zwang des Wettbewerbs und der Leistungsfähigkeit gestellt werden. Eine solche Politik stärkt den Staat und stärkt den Markt; sie setzt Kräfte und Phantasien frei, um öffentliche Leistungen kostengünstiger und effektiver anzubieten.

Daraus ergibt sich einmal die Notwendigkeit, möglichst viele staatliche Leistungen kostendeckend abzugeben. Das schärft das Kostenbewußtsein der Bürokratie. Gleichzeitig aber sind auch Leistungsindikatoren erforderlich, um die Leistungsfähigkeit des öffentlichen Dienstes, die ständige Überprüfung der Aufgaben- und Ausgabenstruktur sowie den Nutzen für den Bürger messen zu können.

Ein Beispiel für diese Fragen, Probleme und auch für Lösungsansätze ist der Bildungssektor. Hier ist in den letzten Jahren, relativ betrachtet, die Zahl der Lehrenden wesentlich schneller gestiegen als die Zahl der Lernenden. Trotzdem scheint sich die Effizienz des Bildungssektors kaum geändert zu haben. Vergleicht man den relativen »Output«, so kamen z. B. 1960 auf 100 Studenten 23, im Jahre 1972 24 bestandene Prüfungen. Die Rechnung, die der Staat dem steuerzahlenden Bürger für dieses Bildungswesen aufmacht, verteuert sich laufend, vor allem durch die steigenden Personalausgaben, ohne daß eine wesentliche Mehrleistung sichtbar wird.

Dieses Ergebnis ist um so bedenklicher, als dem Bildungs-

wesen – wie die Politiker vor Jahren mit Recht erkannt hatten – für die wirtschaftliche und technische Entwicklung eine besondere Bedeutung zukommt. Denn immer stärkere Veränderungen im Arbeitsprozeß machen eine größere berufliche Flexibilität und Mobilität erforderlich. Von daher gesehen muß sich Bildungspolitik als die beste, weil langfristig am nachhaltigsten wirksame Sozialpolitik erweisen. Sie trägt dazu bei, soziale Mißstände zu vermeiden, indem sie die Gefahr verhindert, daß unterprivilegierte Schichten und Gruppen entstehen. Und sie gewährleistet gleichzeitig die für das Maß der sozialen Gerechtigkeit in einem Gemeinwesen so wichtige Chancengerechtigkeit aller für den Aufstieg, in dem milieu- und herkommensbedingte Nachteile bereits in der Ausgangsposition korrigiert werden können.
Das bisher enttäuschende Ergebnis der Bildungspolitik sollte die Politiker bewegen, auch in diesem Sektor die staatlichen Leistungen einer Revision zu unterziehen. Statt selbst zu produzieren und anzubieten, sollte sich der Staat darauf beschränken, Hilfe zur Selbsthilfe zu leisten. Der Staat und alle, die dahinterstehen, haben sich übernommen, wenn sie glaubten, durch staatliche Bildungspolitik den individuellen Bedarf lenken und decken zu können. Und eine Garantie für den sozialen Aufstieg – die konnte er erst recht nicht geben; schon aus diesem Grund war sein Handeln zum Scheitern verurteilt.
Nehmen wir die Hochschulpolitik. Obwohl die öffentliche Hand in der Bundesrepublik in die Hochschulen immer mehr Geld investiert, ist die Ausbildung nicht besser geworden, und der Mangel an Studienplätzen nimmt zu. Numerus clausus steht für akademische Jugendarbeitslosigkeit. Bil-

dungs- und Hochschulpolitik haben akademische Studienansprüche geweckt, die einmal nicht immer mit den Interessen der Gesellschaft identisch sind, die andererseits aber auch im Berufsleben gehegte Erwartungen oft nicht erfüllen. Schweden, das uns in manchen Entwicklungen voraus ist, zeigt auch hier, wohin diese Fehlleitung führen kann: Dort wird heute eine »Umschulung nach unten« durchgeführt, verbunden mit einer Beschäftigung unter dem Ausbildungsniveau. Die psychologischen Folgen und die Konsequenzen auf die Leistungsbereitschaft in der gesamten Volkswirtschaft sind vielleicht nicht errechenbar, mit Sicherheit aber äußerst negativ.

In der Bundesrepublik trägt heute der Staat die Kosten der Hochschulen unmittelbar. Es sei nur daran erinnert, daß zum Beispiel in den Vereinigten Staaten viele Universitäten entweder private Hochschulen sind oder aber wie private Betriebe arbeiten. Hier läßt die deutsche Bildungspolitik Nachahmungsbereitschaft vermissen.

Ein erster Schritt zu mehr Wettbewerb wäre es, die Hochschulen so zu organisieren, daß sie ihre laufenden Kosten über Studiengebühren decken müßten. Zur Finanzierung dieser Gebühren erhielten die Studenten Stipendien; sie müßten in den öffentlichen Haushalten ausgewiesen werden. Dann müßten die Universitäten, wie Betriebe, um die Studenten konkurrieren. Damit werden die Universitäten gezwungen, den Studenten ein attraktives Angebot zu unterbreiten – attraktiv, d. h. ein Angebot, in dem die Ausbildung besser geordnet und effizienter gestaltet ist. Wesentliche Voraussetzung allerdings ist, daß die Studiengebühren nicht in einen großen Topf fließen, sondern je nach Nach-

frage auf Fakultäten bzw. Fachbereiche bis hin zu einzelnen Instituten aufgeteilt werden. Auch sollte es nicht gleich als »unsozial« bezeichnet werden, wenn man das Stipendium nur in Form eines Darlehens gewähren würde, das nach Berufseintritt ratenweise wieder zurückgezahlt werden muß. Das erleichtert nicht nur das Problem der Finanzierung, sondern reduziert gleichzeitig den Mangel an Studienplätzen, weil nur noch diejenigen einen solchen Bildungsweg anstreben werden, die zu einer entsprechenden Leistung in der Lage und bereit sind. Eine Verkürzung der überzogenen Studienzeiten, die ganz im Interesse der Studenten liegt, wird gleichzeitig die Folge sein.
Der Vorschlag, Studien durch Darlehen zu finanzieren, wird sich bestimmt dem Vorwurf aussetzen, unsozial zu sein. Diejenigen, die hier vorschnell aufbegehren, sollten jedoch nicht übersehen, daß der durch Darlehen geförderte Student zu dem Zeitpunkt, von dem an er das Darlehen zurückzahlen sollte, durch den Studienabschluß bereits in eine wirtschaftliche Lage versetzt sein wird, die ihm diese Rückzahlung ermöglicht. Und außerdem: Ist die Finanzierung über Darlehen in unserer Gesellschaft wirklich eine Ausnahme? Die so erfolgreichen Jahrzehnte der Bauförderung von Eigenheimen hatten doch gerade die zinsgünstige Kreditfinanzierung zur Grundlage!

Im schulischen Bereich, der ebenfalls fast vollständig durch den Staat, seine Verwaltung, seine Willensbildung und seine Organisationsprinzipien bestimmt wird, sind erschreckende Fehlentwicklungen zu beobachten. Sie konzentrieren sich besonders auf den Personalsektor. Gestern noch wurde mit

dem Lehrermangel der bildungspolitische Notstand proklamiert, heute überrascht bereits die Lehrerschwemme, und arbeitslose Lehrer sind für die nächsten Jahre in den Statistiken der Arbeitsämter nicht mehr fortzudenken. Doch hinter den Pauschalbegriffen von Mangel und Überschuß verbirgt sich eine sehr unterschiedliche Entwicklung. So beschert die bürokratische Personalplanung für 1976 einen Lehrerüberschuß im Bereich der Grund-, Haupt-, Sonder- und Realschulen in einer Größenordnung von mehreren Tausend. Bei den Gymnasial- und Berufsschullehrern hingegen besteht weiterhin ein Bedarf von ebenfalls einigen Tausend. Dabei wird mit Fleiß vermieden, deutlich zu machen, daß Mangel bzw. Überschuß allein vom Haushalt und keineswegs durch pädagogische Gesichtspunkte definiert sind. Die Eltern, die trotz des sogenannten Lehrerüberschusses die nachteiligen Folgen überfüllter Klassen für ihre Kinder ausbaden müssen, wissen ein Lied davon zu singen.
Trotz der Vielzahl von Erhebungen und laufenden Statistiken – Voraussetzung jeder rationalen Planung – wird Fehlplanung jetzt auch bei den Hochschulabsolventen erkennbar, die auf einen Platz im Vorbereitungsdienst warten. Der Staat ist zwar aufgrund seines Ausbildungsmonopols verpflichtet, die Lehrer-Aspiranten ohne Rücksicht auf die Marktlage in den Vorbereitungsdienst aufzunehmen. Danach aber ist es immer wieder die öffentliche Haushaltssituation, die die spätere Berufsausübung in Frage stellt und damit selbst neue Marktlagen schafft.
Obwohl das Laufbahnsystem im Öffentlichen Dienst den dort Beschäftigten praktisch vom Berufsbeginn bis zur Pensionierung erfaßt und somit eine langfristige Personal-

planung besonders erleichtern müßte, enthält es gleichzeitig so viele Starrheiten, Bindungen und wohl auch Chancen, andere als Effizienzgesichtspunkte zu berücksichtigen, daß eine flexible Personalpolitik einfach nicht gelingt. Dieses Laufbahn- und Besoldungssystem erweist sich bei Knappheit öffentlicher Kassen zwar immer noch als sozial vorbildlich – nur jetzt sehr deutlich auf Kosten anderer.
Die staatliche, die bürokratische Planung, die allen Sicherheit versprach, führt in den nächsten Jahren also nicht nur für viele tausend junge Menschen in eine berufliche Sackgasse, sie schafft gleichzeitig gefährliche Engpässe, z. B. in den Gymnasien und Berufsschulen, und stellt darüber hinaus eine Fehllenkung von Arbeitskräften, Investitionen und Steuermitteln dar. So scheint es einfach logisch, auch den schulischen Sektor aus den starren bürokratischen Entscheidungskompetenzen zu lösen, um flexible Reaktionen auf Markt- und Haushaltslagen zu ermöglichen.
Erstens wird es darum gehen, die gegenwärtige Quasi-Monopolstellung der staatlichen Schulen einer spürbaren Konkurrenz durch Privatschulen auszusetzen. Ohne das staatliche Kontroll- und Prüfungsrecht zu mindern, kann eine abgestimmte finanzielle Förderung beider Formen dazu führen, daß in Zukunft die Schulen im Wettbewerb untereinander sich um Lehrende und Lernende bemühen müssen. Diesen Wettbewerb werden nur die Schulen erfolgreich bestehen können, die durch fortlaufende Reformbereitschaft und auch Reformfähigkeit ihr Ausbildungsniveau erhöhen. Im Vorteil werden immer diejenigen Schulen sein, die durch größere Leistungsfähigkeit das marktbezogenere und attraktivere Angebot unterbreiten können.

Ein derart freies Schulsystem, das Eltern, Schüler und Lehrer nicht in die Schablone bürokratischer Planungen und Bestimmungen preßt, gibt ihnen allen mehr Möglichkeiten zur eigenen Entscheidung. Die Kulturhoheit der Bundesländer bliebe bestehen. Konkretisiert in den Kontroll- und Prüfungsrechten würde sie sogar intensiver und konzentrierter ausgeübt werden können. Eine qualitative Verbesserung des Schulsystems wäre die Folge.
Zweitens müßten die Lehrer stärker in den Wettbewerb am Arbeitsmarkt integriert werden. Das würde, wie gezeigt, vor allem bedeuten, daß die Laufbahnordnung – sicher auch die Besoldungsordnung – von ihren Starrheiten bereinigt werden müßte, um den längerfristig unterschiedlichen Anforderungen etwa aufgrund geburtenstarker oder geburtenschwacher Jahrgänge besser als in der Vergangenheit entsprechen zu können. Ausgestattet mit dem in der Bundesrepublik hoch entwickelten System der sozialen Sicherung müßte es gelingen, Lehrer für den Schuldienst auch dann zu gewinnen, wenn sie künftig anstatt eines Dienstvertrages auf Lebenszeit einen solchen auf Zeit erhielten. Am Lehrermarkt gibt es heute, anders als noch vor Jahren, mehr Nachfrager als nur den Staat. Nicht nur Betriebe setzen mehr und mehr geschulte Kräfte für die Aus- und Weiterbildung ihrer Mitarbeiter ein. Auch die zunehmende Arbeitslosigkeit unter den Jugendlichen hat schon und wird weiterhin private und freie Träger zu zusätzlichem Ausbildungsengagement drängen. So werden Wettbewerb und Stellenwechsel für Lehrer attraktiver werden. Das jedenfalls wäre ein Gewinn gegenüber der düsteren Perspektive, in Zukunft ausgebildete Lehrer als arbeitslose Randsiedler der Gesell-

schaft zu haben. Die stärkere Einbeziehung des Schulbereiches in den Wettbewerb wird auch noch eine weitere Konsequenz haben: Ideologische Standorte und ideologische Experimente können nicht mehr diktiert werden; sie müssen sich dann dem rauhen Wind des Wettbewerbs stellen. Wenn Ideologie nicht mehr verordnet, sondern nur noch angeboten werden kann, dann wird sich zeigen, was die Gesellschaft wirklich will. In einer solchen neuen Ordnung wird auch der sogenannte Radikalenerlaß viel von seiner ursprünglichen Schärfe verlieren können. Denn der Staat ist dann nicht mehr – mit Beamtenstatus und lebenszeitlicher Anstellung – der große Schutzwall, hinter dem sich einmal eingestellte Lehrer, auch wenn ihre Verfassungstreue im Laufe der Zeit nicht mehr eindeutig nachweisbar ist, für immer verschanzen können.

Diese Vorschläge werden, da sie nicht der Erhaltung bestehender Rechte dienen, auf Ablehnung und Widerstand stoßen. Das ist Erfahrung und Tradition dort, wo sich Marktwirtschaft täglich neu durchsetzen muß. Diese Form der Umstrukturierung dürfte aber auch Zustimmung finden, nämlich bei vielen Betroffenen, die heute öffentlich für eine Entwicklung gescholten werden, die nicht sie, sondern ihre Arbeitgeber, d. h. die Parlamente, zu verantworten haben. Denn Aufbau und Ausweitung des öffentlichen Sektors, hier am Beispiel der Hochschule und der Schulen aufgezeigt, sind abhängig von Parlamenten und Regierungen; sie sollten – statt anderswo Schuldige zu suchen – endlich Abhilfe schaffen. Sie haben den Grundstein zu vielen Reformruinen gelegt, die auch den Öffentlichen Dienst in Mißkredit gebracht haben. Und ideologische Experimente garantieren heißt, den Öffentlichen Dienst mißbrauchen. Es verletzt die Notwendigkeit seiner Neutralität gegenüber pluralistischen Interessen der Gesellschaft.

Weniger Bevormundung, mehr Verantwortung

Nach dem Verständnis der SPD ist die Erweiterung der staatlichen Einflußnahme mit gesellschaftlichem Fortschritt gleichzusetzen. Offensichtlich will sie diese ideologische Einbahnstraße auch in den kommenden Jahren noch durchfahren, denn: »Wir haben deshalb die Zunahme der öffentlichen Verantwortung in Bereichen wie Bildung, Gesundheitsfürsorge, Umweltschutz, vor allem aber in Fragen der sozialen Sicherheit und der Gesamtentwicklung der Wirtschaft von jeher gefördert und begrüßt ... In der Bundesrepublik schöpfen die staatlichen Institutionen die vorhandenen Steuerungs- und Handlungsmöglichkeiten gegenüber dem wirtschaftlichen Bereich nicht aus ... ein Großteil der Bedürfnisse der Bürger kann nur gesellschaftlich befriedigt werden« – so zu lesen im Orientierungsrahmen '85. Der Staat müßte demzufolge seine finanziellen und politischen Kräfte vor allem darauf konzentrieren, die Bürger mit einer Unzahl wirtschaftlicher und administrativer Einzeldienstleistungen zu umgeben. Vor lauter gesellschaftspolitischen Bäumen sieht er dann aber den gesamtpolitischen Wald nicht mehr. Seine eigentliche Aufgabe ist es doch, die politischen Ziele der staatlichen Gemeinschaft zu bestimmen und das Gemeinwesen nach den Grundsätzen der Freiheit und sozialen Gerechtigkeit zu gestalten und zu entwickeln. Der Staat erfüllt seine Aufgabe nicht als Mammutanbieter von Gütern und Leistungen – das erdrückt individuelle Gestaltungsfreiheit, mindert Effizienz und lähmt Eigeninitiative. Er erfüllt sie als der Gestalter des für alle Bürger verbindlichen gesamtgesellschaftlichen Rahmens. In ihm sollen sich individuelle Freiheit und Phantasie verantwortlich entfalten können. Der Bürger ist kritisch genug, zwischen gesamtpolitisch notwendiger Verantwortung und ideologisch bestimmter Bevormundung unterscheiden zu können.

Die Umkehr von der staatlichen Bevormundung zu mehr privater Verantwortung ist überfällig auf dem Gebiet der sozialen Sicherung. Das gegenwärtig praktizierte System ist scheinsozial. Denn viele seiner Sonderleistungen müssen auf dem Umweg über die Steuern wieder von dem Personenkreis gezahlt werden, der eigentlich begünstigt werden soll. Das System der sozialen Sicherung muß durch eine größere Mitverantwortung des einzelnen verändert werden. Mehr Mitverantwortung ist aber nicht durch Demokratisierung oder Neuverteilung der Macht zwischen den Gruppen erreichbar. Es geht vielmehr darum, soziale Aufgaben wieder auf die direkte Mitarbeit und in die direkte Kontrolle des einzelnen zurückzuverlagern. Der Staat muß zwischen Aufgaben unterscheiden, die individuell und mit Hilfe gesellschaftlicher Einrichtungen – wie zum Beispiel der Unternehmen, Verbände und freien Träger im sozialen Bereich – erfüllt werden können, und zwar unter staatlicher Kontrolle, und solchen Aufgaben, die sich konsequent aus seinen gesamtgesellschaftlichen und politischen Zielen ergeben. Was also der einzelne aus eigener Initiative, Verantwortung und Kraft leisten kann, muß der Staat abgeben. Nicht das

Kollektivmitglied »Bürger«, sondern das Individuum, die Familie, der freie Träger, sie müssen wieder Maßstab der Politik werden.
Die sozialpolitische Aufgabe des Staates ist es dann, neben der sozialen Grundsicherung einen Rahmen für weitergehende sozialpolitische Sicherungen zu schaffen, die die Bereitschaft zur persönlichen Risikoabsicherung und unternehmerischer Initiative zu entsprechendem Versicherungsangebot fördert. Ganz entscheidend wird es darauf ankommen, das Solidaritätsbewußtsein zu wecken. Nicht die Ausweitung der Staatsverantwortung, sondern die Erweiterung der Solidargemeinschaft muß das Ziel der Sozialpolitik in der Marktwirtschaft sein.
Die Einkommensexplosion und das süße Gift der Überbeschäftigung haben in den vergangenen Jahren die Sozialpolitiker vergessen lassen, wie man bei geringerem Wachstum rechnet. Nun müssen alle gemeinsam ihre Lektionen nachholen. Heute stößt diese Entwicklung bereits an die Grenze der Verfassungsordnung, die zum Beispiel das Nebeneinander von gesetzlicher und privater Krankenversicherung garantiert. Diese Entwicklung stellt aber auch die Finanzierung und damit die Funktionsfähigkeit des sozialen Systems in Frage.
Heute kann sich keiner mehr der Erkenntnis entziehen, daß die Grenze der Belastbarkeit nicht nur der Betriebe, sondern auch der Löhne und Gehälter erreicht ist. Eine wachsende Sozialisierung z. B. der Versicherungswirtschaft ist bereits in Gang gekommen. Und darüber hinaus erlebt der einzelne Bürger heute sogar die Anfänge der Sozialisierung auch der privaten Einkommen.

Diese Entwicklung hat eine Reihe von Ursachen. So hat die Sozial-Enquête-Kommission bereits vor Jahren in ihrem Bericht festgestellt, daß die Sozialpolitik alles getan habe, um den Menschen die Flucht in die kollektive Absicherung leicht zu machen. Nach Auffassung der Kommission fehlen eben die Anreize für eine pflegliche Inanspruchnahme der Sozialleistungen. Trotzdem handelt es sich hier zweifelsfrei um einen Bereich, wo Sparsamkeit, Wirtschaftlichkeit wie auch die Möglichkeit der Privatisierung mit sozialstaatlichen Zielen kollidieren. Insbesondere die sozialstaatlichen Gebote der Gleichbehandlung, der ständigen zeitlichen und örtlichen Präsenz wie auch die Wahrung der Einzelfallgerechtigkeit grenzen Änderungsmöglichkeiten ein.

Wenn im Bereich der Sozialpolitik zukünftig das Verhältnis des einzelnen zur Gesellschaft nicht mehr gleichmacherisch und kollektiv sein soll, wenn also Sozialpolitik mehr auf den einzelnen Menschen zugeschnitten und aus dieser Perspektive wahrhaft sozial sein soll, dann muß der einzelne zu einem Eigenbeitrag herangezogen werden.

In der Krankenversicherung kann das folgendermaßen aussehen: Neben der pauschalen Kostenbeteiligung durch den Krankenversicherungsbeitrag, zu dem jeder Versicherte heute zwangsläufig herangezogen wird, ist eine direkte, individuelle Übernahme eines Teil der Kosten im Krankheitsfall anzustreben. Der in einem Jahr zu übernehmende Teil der Kosten müßte auf einen Höchstbetrag begrenzt werden – ähnlich der in privaten Krankenversicherungen gehandhabten Regelung. Darüber hinausgehende Kosten müßten weiterhin von der Kasse übernommen werden. Für die Kosten aus Vorsorgemaßnahmen hingegen sollte es

keine individuelle Kostenübernahme geben. Der einzelne wird auf diese Weise ein Eigeninteresse daran haben, den Anteil der von ihm zu übernehmenden Kosten möglichst niedrig zu halten. Andererseits darf er davon ausgehen, daß Krankheit für ihn kein unkalkulierbares Risiko bedeutet.
Eine solche Neuordnung dürfte allerdings nicht erst bei der Kostenverteilung, sondern sie müßte bereits bei der Kostenentstehung einsetzen. Die sozial konzipierte, finanziell aber häufig korrumpierte Bindung zwischen Arzt, Patient und gesetzlicher Krankenversicherung hat nicht gehalten. Der Arzt bleibt der gesundheitspolitische Vormund des Versicherten. Der Versicherte zahlt im Endeffekt für Leistungen, auf deren Qualität, Umfang und Notwendigkeit er keinen direkten Einfluß hat. Er kann, selbst wenn er wollte, Verantwortung nicht wahrnehmen.
So ist die Forderung nach einer Eigenbeteiligung dem Versicherten nur zumutbar, wenn es zum Beispiel gelingt, bei der Honorierung ärztlicher Leistungen den Verdacht vom Wildwuchs der Leistungspalette zu beseitigen, die Erhöhung der Honorarsätze zu beschränken und im Arzneimittelmarkt eine höhere Transparenz herzustellen. Dazu wird auch eine Revision im System der ärztlichen Leistungshonorierung gehören. Der Grundsatz etwa, wonach der Arzt die Einkommens- und Vermögensverhältnisse seines »Privat«-Patienten zur Grundlage seiner Liquidation macht und danach ein Mehrfaches des einfachen Gebührensatzes fordern kann, wirkt heute ausgesprochen dubios. Denn immer seltener sind es die Patienten mit ihrem individuellen Einkommen und Vermögen, sondern andere, sprich Versicherungskassen – und wie im Öffentlichen Dienst – Beihil-

fekassen, die die verteuerte Arztleistung bezahlen müssen. Die Neuordnung des gesetzlichen Krankenversicherungssystems setzt also eine vernünftige Kooperation zwischen Versicherungsträger, Versicherten wie auch Ärzten, Apothekern und anderen Betroffenen voraus. Sie muß vor allem zum Ziele haben

- die Vermeidung von ärztlichen Doppeluntersuchungen und mehrfachen medizinisch-technischen Leistungen für denselben Fall;
- die gegenseitige Verwertung von Untersuchungsergebnissen durch niedergelassene Ärzte und Krankenhäuser;
- die Überprüfung der Struktur der Gebührenordnung, weil zum Beispiel Leistungen des Arztes anders gewichtet werden müssen als technische Verrichtungen von Hilfskräften;
- die Abkürzung der Verweildauer in Krankenhäusern und
- die Einschränkung des Arzneimittelverbrauchs durch Zurückhaltung bei der ärztlichen Verordnung.

In einem weiteren Schritt wäre schließlich zu prüfen, wie der Zwang, sich nur bei einer ganz bestimmten Institution sozial zu sichern, gelockert werden könnte. Auch im Bereich der sozialen Sicherung wäre nämlich, unter Beibehaltung strenger staatlicher Kontrolle, ein Mehr an Wettbewerb für viele zwar unbequem, für die Effizienz des Versicherungssektors und für das Verantwortungsbewußtsein der Versicherten in ihrer Gemeinschaft jedoch ein Fortschritt.

VII.
Weichenstellung heute

Wir stehen heute am Ende einer Entwicklung, die vor 25 Jahren begonnen hatte. Wiederaufbau und beispielloses Wirtschaftswachstum, steigender Wohlstand und Überfluß gehören jetzt der Vergangenheit an. Und brüchig geworden sind die politischen Zielvorstellungen des »noch mehr«. Was bleibt, ist eine Anspruchs- und Wegwerfgesellschaft. Sie glaubt und mußte glauben: Das Butterbrot gibt's umsonst!

Heute stehen die Verantwortlichen, wie in den ersten Nachkriegsjahren, wieder an einem Scheideweg. Welche Wegrichtung soll die Gesellschaft und ihre Wirtschaft für die Zukunft wählen? Dieser Weg muß heute unter drei sehr belastenden Bedingungen gefunden werden:

Erstens fehlt es im Gegensatz zu damals an Zielvorstellungen – wie zum Beispiel der Wiederaufbau der Wirtschaft –, die allen Parteien und Gruppen gemeinsam sind.

Zweitens hat die Politik der letzten Jahre die Bereitschaft des einzelnen zur Eigenverantwortung und Mitwirkung systematisch abgedrängt. Auch das unterscheidet die heutige von der damaligen Situation.

Und drittens: Die Entscheidung muß zwischen mehr Markt und mehr Staat, mehr Bürokratie getroffen werden. Beide Systeme aber befinden sich in einer Krise – der Markt, weil ihm zu viele fremde Lasten aufgebürdet worden sind, die Bürokratie, weil sie zu viele Aufgaben auf sich gezogen hat.

Ob diese drei Bedingungen ursächlich zu der jetzt herrschenden Wirtschaftskrise beigetragen haben, mag dahingestellt bleiben. Eines zumindest bietet sie an: Atempause zur Besinnung auf die neue Politik. Das ist kein Aufruf zum Nichtstun, zum Laisser-faire, sondern zur gründlichen Prüfung all der Entscheidungen und Maßnahmen, vor allem mit strukturverändernden Wirkungen im wirtschafts- und finanzpolitischen Bereich, die jetzt aus oft kurzsichtiger politischer Optik getroffen – oder auch unterlassen werden.

Soziale Marktwirtschaft für die Zukunft

Die gesamtwirtschaftlichen Daten haben sich verschoben. Wirtschaftswachstum und Wohlstand beanspruchen in Zukunft alle Kräfte verstärkt. Die Gesellschafts- und Wirtschaftspolitik der sozialliberalen Koalition hat die dazu notwendigen Entwicklungsvoraussetzungen von Jahr zu Jahr verringert.
Eine politische Kurskorrektur ist überfällig. Es muß gelingen,
- das Gemeinwohl über Gruppeninteressen,
- die Staatspolitik über die Parteipolitik und
- den Prozeß der internationalen Arbeitsteilung über den Versuch zu nationaler Strukturerhaltung zu stellen.

Ein solche freiheitliche Kurskorrektur verlangt von Staat und Gesellschaft Einsicht und Opfer. Bisher Privilegierte müssen den Verzicht auf Vorrechte lernen. Der Staat kann sich nicht zum Zaubermeister für die Erfüllung gruppenegoistischer Wünsche denaturieren lassen. Er soll in Zukunft

seine Rolle als Garant einer freiheitlichen und sozialen Ordnung wieder voll übernehmen. Er soll für diese Ordnung auch international eintreten. Dazu braucht er Autorität und Stärke. Wettbewerb verhindert neue Machtpositionen und starke Gruppeninteressen. Deshalb muß der Staat dem Wettbewerb auch wieder mehr Raum geben. Orientierungspunkt der überfälligen Kurskorrektur ist die soziale Marktwirtschaft.
Zieht sich der Staat auf seine eigentlichen Aufgaben – normative Rahmensetzung und globale Wirtschaftspolitik – zurück, werden Eigeninitiative, Entscheidungsbereitschaft und Mobilität wieder geweckt. Das sind die Eigenschaften, ohne die der Unternehmensleiter, der Arbeitnehmer, ohne die die Wirtschaft in Zukunft nicht bestehen kann. Allen ideologischen Klischees zum Trotz soll man sie beim richtigen Namen nennen: Es sind die typischen Eigenschaften des dynamischen Unternehmers. Ihn braucht die deutsche Wirtschaft, gerade in Zeiten des weltweiten strukturellen Umbruchs, mehr als bisher. Diese Eigenschaften sind nötig, um den Strukturwandel aktiv zu vollziehen, um seine Reibungs- und Wachstumsverluste möglichst gering zu halten. So gesehen muß es die vorrangige wirtschaftspolitische Aufgabe des Staates sein, dynamische Unternehmer zu ermutigen, neue Produkte, verbesserte Techniken und neue Investitionen zu wagen. Eine solche Politik schließt den Arbeitnehmer voll ein. Denn der Arbeitnehmer, der den Strukturwandel ebenfalls aktiv bestehen will, muß Ausbildungsinvestitionen wagen. Und auch dazu bedarf es der Ermutigung. Markt und Wettbewerb halten diese Ermutigung bereit, und zwar in Form einer Risikoprämie – den Gewinnen hier, den

hohen Einkommen dort. Eine Wirtschaftspolitik, die dem Wettbewerb mehr Raum gibt, würde dafür sorgen, daß die Bäume hoher Einkommen nicht in den Himmel wachsen. Wettbewerbspolitik im Rahmen der sozialen Marktwirtschaft ist die sehr viel aussichtsreichere Basis für die Zukunft als eine auf erdrückende Steuern und Abgaben sich gründende staatliche Beglückungspolitik.

Für den Staat bedeutet diese freiheitliche Kurskorrektur ein Umschalten. Die Abhängigkeit des einzelnen in der industriellen arbeitsteiligen Gesellschaft ist groß. Individuelle Sicherung der Zukunft ist ohne gesellschaftliche Hilfe nicht möglich. Sie zu vermitteln und gleichzeitig private Initiative für die Solidargemeinschaft zu initiieren, ist die Aufgabe des Staates. Er muß seine bisherige Politik der individuellen Anreize und Förderung im Blick auf die Erfordernisse der nächsten Jahrzehnte überprüfen. Sie ist – entsprechend der Subventionsterminologie – auf Anpassungs- und Produktivitätsförderung zu konzentrieren. Und beim Abwägen zwischen den Prioritäten muß berücksichtigt werden: Die Nachkriegszeit ist endgültig vorbei. Nicht mehr Förderung des materiellen Wohlstandes von heute, sondern alle Initiativen, die auf künftigen Wohlstand und auf Sicherung ausgerichtet sind, verdienen Unterstützung.

Konkret geht es etwa um eine Umstrukturierung von Spar- und Vermögensbildungsförderung. Für die bisherige Sparförderung und Vermögensbildung gibt der Staat sehr viel Geld aus. Noch heute bilden die Aufwendungen dafür – wie der Subventionsbericht zeigt – den stärksten Posten unter den Finanzhilfen. In den nächsten Jahrzehnten wird es hingegen vorrangig darauf ankommen, Finanzhilfen und

Steuervergünstigungen für die Förderung neuer individueller »Ansparprozesse«, die zukunftsorientiert sind, einzusetzen wie zum Beispiel für Investitionen für Technologie und Umweltschutz, Investitionen in Aus- und Weiterbildung und Investitionen in Vorsorge und Gesundheit. Die Auswahl der Anspar- und Investitionsprojekte muß dabei den einzelnen, nicht dem Staat, überlassen bleiben. Und wer hieraus »Gewinn« schlägt, beweist eine bessere Einsicht in die Zukunft als seine Konkurrenten. Intensiver Wettbewerb wird auch hier verhindern, daß dauerhafte Gewinnprivilegien entstehen.
Die Erfolgschancen sind um so größer, je mehr es gelingt, an den »Geist der Wiederaufbauphase« anzuknüpfen, der es vermocht hatte, den einzelnen zur Leistung zu motivieren – zum Wohl für alle.

Investitionslenkung verschenkt die Zukunft

Die notwendige Kurskorrektur der Wirtschafts- und Gesellschaftspolitik in der Bundesrepublik läßt leider auf sich warten. Entweder hat sich die Einsicht, was zum Bestehen in Zukunft unerläßlich ist, noch nicht allen Politikern eröffnet, oder die Kurskorrektur unterbleibt, »weil nicht sein kann, was nicht sein darf«.
Dieses Motto hat auch in die Politik Eingang gefunden. Wie anders ist die politisch-programmatische Diskussion zu erklären, ob wichtige Investitionsentscheidungen besser kollektiv oder einzelwirtschaftlich getroffen werden? Bisher hat sie ausschließlich im Bereich von SPD und DGB stattgefunden. Und wenn laut Orientierungsrahmen '85 der SPD

»die Einführung einer Meldepflicht für geplante gewerbliche und öffentliche Investitionen von einer bestimmten Größenordnung an« Kernsatz der SPD-Wirtschaftspolitik ist, und der DGB im Mai 1975 die Investitionslenkung definitiv beschlossen hat, so muß man wissen: Beide, die SPD in Godesberg 1959 und der DGB in Düsseldorf 1963 haben die Investitionslenkung bereits in ihren Grundsatzprogrammen festgeschrieben. So werden denn heute alte Grundsatzpositionen verteidigt, erneuert und ohne Blick auf die veränderte Umwelt in die Zukunft weitergeschrieben.

Die Investitionslenkung wird gefordert, weil – wie die strukturellen Schwierigkeiten angeblich zeigten – die marktwirtschaftliche Ordnung, vor allem in ihren privatwirtschaftlichen Investitionsentscheidungen, versagt habe. Diese lasse Fehlentscheidungen und daraus folgend Entlassungen und Arbeitslosigkeit zu.

Nun wird jenes Argument nicht dadurch überzeugender, daß man es immer von neuem wiederholt. Tatsächlich ist die marktwirtschaftliche Ordnung in der Bundesrepublik flexibel genug gewesen, um sich neuen Marktdaten – z. B. den flexiblen Wechselkursen – und willkürlichen Entscheidungen in der Politik – z. B. der schlagartigen Ölpreisverteuerung – nahezu reibungslos anzupassen. Und dort, wo es zu unternehmerischen Fehlentscheidungen mit Entlassungsfolgen für Arbeitnehmer gekommen ist, bleibt der volkswirtschaftliche Schaden begrenzt. Das Netz der sozialen Sicherung tritt in Funktion; es wird nicht überstrapaziert.

Globale Fehlleitungen einer zentralen Planungsinstanz für ganze Branchen hingegen würden katastrophale Folgen für die Gesamtwirtschaft haben. Schon im Stadium der Prognose liefe man Gefahr, zu Lasten der Objektivität Kompromisse zwischen verschiedenen Interessenabwägungen schließen zu müssen. Ein Investitionskartell von Gewerkschaften, Unternehmen und der öffentlichen Hand – also das Festschreiben der Gruppengesellschaft – wäre letztlich die Folge.

Investitionsmeldestellen – das klingt zunächst ordnungspolitisch harmlos. Aber genauso wie die Forderungen nach Offenlegung der Preiskalkulation, zielen Investitionsmeldestellen auf Verhaltensnormierung. Sie sind, das zeigen die programmatischen Erklärungen von SPD und DGB, eine zunächst nur abgemilderte Variante der Investitionslenkung. Im Grunde sind es dann nicht mehr primär die abstrakten Preissignale der Märkte, sondern die politischen Vorgaben über Bedürfnisse, Gleichheit und Gerechtigkeit, nach denen sich Investitionsentscheidungen und Mitteleinsatz zu richten haben.

Der Staat ist bisher den Beweis dafür schuldig geblieben, daß er langfristige Entwicklungen besser abzuschätzen vermag als die private Wirtschaft. Der unzureichende und disproportionierte Ausbau der öffentlichen Infrastruktur, einem doch typischen Bereich staatlicher Aktivität, beweist genau das Gegenteil – trotz einer Vielzahl staatlicher Institutionen und Instrumente. Staatliche Investitionslenkung kann Fehlentwicklungen nicht verhindern, nur vergrößern. Sie bindet wegen ihres globalen Umfanges wesentlich mehr Produktivkräfte. Die volkswirtschaftliche Flexibilität nimmt dadurch ab und auch die Fähigkeit, sich auf plötzliche, mitunter sogar auf vorhersehbare Änderungen von Marktdaten einzustellen. Der Rückgang der Bevölkerung in der Bundesrepublik und die Verschiebungen in der Alterspyramide sind vorhersehbar. Trotzdem wurden die staatlichen Planer davon geradezu überrascht. Wie könnte es sonst erklärt werden, daß die Investitionen z. B. in Lehrerausbildung oder in Krankenhausbauten ohne Einschränkung fortgesetzt werden? Erst die steigende Zahl arbeitsloser Lehrer oder nicht belegter Krankenhausbetten machen dem Staat und jetzt auch der Öffentlichkeit das ganze Ausmaß von Fehllenkung und Fehlinvestitionen bewußt. Es hieße wirklich den Teufel mit dem Beelzebub austreiben, wollte man diese Misere durch noch mehr staatliche Lenkung beheben!

Investitionslenkung ist auch keine Versicherung gegen Arbeitslosigkeit. Denn die Beschäftigung hängt dauerhaft davon ab, ob die produzierten Güter und Dienste nachgefragt werden. Sie ist nur insoweit »sozial«, als sie die Kosten unwirtschaftlicher Arbeitsplatzsicherung sozialisiert.

Ist aber die Nachfrageentwicklung entscheidend für die großen Risiken bei der Investitionslenkung, so liegt es nahe, sich auch dieses Bestandteils des volkswirtschaftlichen Kreislaufs zu bemächtigen. Das würde die marktwirtschaftliche Ordnung auf den Kopf stellen: denn jetzt würde die marktwirtschaftliche Steuerung der Investitionen durch den Verbraucher über den Preis aufgehoben. Die Wertvorstellungen der Bürger würden behördlichen Kontrollen unterworfen. Und das bedeutet letztlich eine Vergesellschaftung des privaten Konsums.

Ein besonderer Störfaktor für die Investitionslenkung in der Bundesrepublik ergäbe sich aus der starken außenwirtschaftlichen Verflechtung unserer Wirtschaft. Der freie

Außenhandel müßte Reglementierungen unterworfen werden, weil sonst die über die Landesgrenzen reichenden Handelsbeziehungen mit den Zielvorstellungen der staatlichen Planbehörde kollidieren würden. Aber nicht nur die Warenströme, sondern – viel grundlegender – die Investitionsentscheidungen in- und ausländischer Unternehmen wären direkt betroffen. Investitions- und Kooperationsvorhaben orientieren sich heute weltweit an den unterschiedlichen Standortqualitäten der Länder. Der staatlichen, das heißt der nationalen Investitionslenkung fehlt aber jeder Sensus für die internationale Investitionsperspektive. Investitionslenkung zwingt dazu, die Außenwirtschaftsverflechtungen zu kappen. Gekappt werden damit aber auch die Möglichkeiten, die die internationale Arbeitsteilung bietet: neue beständige Arbeitsplätze und Steigerung des Lebensstandards.

Internationale Arbeitsteilung sichert die Zukunft

Die Investitionslenkung würde die Wirtschaft der Bundesrepublik in die Sackgasse einer verplanten Zukunft führen. Eine solche Politik löste Schritt für Schritt die Bindungen an die Auslandsmärkte, ersetzte den dynamischen Unternehmer durch risikoscheue Planer und würde Wohlstand nicht schaffen, sondern nur proklamieren. Die deutsche Wirtschaft würde abgekoppelt vom internationalen Entwicklungszug. Das aber darf nicht die wirtschaftspolitische Perspektive der Zukunft sein.

Den Tatsachen unserer Zeit ins Auge sehen, heißt erkennen, daß der weltwirtschaftliche Strukturwandel auch unse-

re Wirtschaft erfaßt hat und daß er ihr große Chancen bietet. Die Industrialisierung der Entwicklungsländer findet statt. Neben die traditionellen Industrienationen treten neue Konkurrenten und Partner. Nicht Abschottung, nicht Konflikt, sondern Handel und Kooperation ist die Basis, auf der sich neue Beziehungen und verbesserter Lebensstandard für alle entwickeln können. Handel, frei von Reglementierung und Restriktionen, schafft weltweite Transparenz über die sich ändernden Produktions- und Angebotsvorteile der Länder. Er ist die Grundlage für weltweite Arbeitsteilung – für weltweite Mitbestimmung darüber, wie sich das Welt-Sozialprodukt vermehrt und auch verteilt.
Als Konkurrenten zwingen die anderen Länder ständig zur Überprüfung des eigenen Standorts – auf internationalen Märkten und im Inland. Sie sind – zugegeben – ungeliebt, doch unbedingt notwendig als Orientierung in den ständigen Veränderungen der Produktions-, Angebots- und Nachfragestruktur. Hindernisse für solche Orientierung müssen vermieden oder abgebaut werden. Konkret heißt das, daß die Bundesrepublik ihre Märkte für die Konkurrenten offenhalten muß. Diese Forderung gilt trotz liberaler Außenhandelspolitik. Denn, daß es auch heute bei uns noch Bereiche gibt, bei denen es heißt »für Ausländer verboten«, zeigt zum Beispiel der gegenüber Drittländern verriegelte Agrarmarkt, der kontingentierte Kohleimport und die beschränkte Einfuhr billiger Textilien. Zoll- und Steuerschranken, mehr noch die so praktikablen nichttarifären Handelshemmnisse müssen beseitigt werden. Selbstverständlich wird und soll die Wirtschaftspolitik der Regierung glättend und strukturanpassend helfen. Wichtig ist nur, daß

sie sich den Folgen der internationalen Arbeitsteilung nicht verschließt, sondern ihnen einen Weg bereitet. Daß sie Chancen und zugleich auch Ausweg für neue Dienstleistungen, Verfahren und Produkte sind, das zu entdecken ist Aufgabe dynamischer Unternehmer. Hierbei kann, hierbei sollte der Staat durch marktkonforme vorausschauende Wirtschaftspolitik helfen.

Schwerpunkte müßten die Intensivierung des Wettbewerbs, die Erhöhung der Mobilität der Arbeitnehmer – räumlich und beruflich – und die Förderung unternehmerischer Forschungs- und Entwicklungsaktivitäten sein.

Als Partner können diese Länder, insbesondere die Entwicklungsländer, behilflich sein, uns bei der Lösung eigener Strukturprobleme zu helfen. Diese Lösung kann beim heutigen Stand der Wirtschaftsintegration und -verflechtung immer nur grenzüberschreitend sein. Und das bedeutet, daß die Regierungen dieser Länder bereit sind, außerökonomische Risiken für Auslandsinvestitionen und den Kapitalverkehr zu mindern.

Wettbewerb und Partnerschaft sind die Integrationselemente, die hochindustrialisierte und in Entwicklung befindliche Volkswirtschaften miteinander verbinden. In der Vergangenheit war diese Verbindung ungenügend. Die Entwicklungsländer, als Rohstofflieferanten abgestempelt, sprachen von »Ausbeutung«, die Industrienationen sahen sich »erpreßt«. Das sind nicht die Voraussetzungen für eine Partnerschaft mit Zukunft. Das Verhältnis von Industrie- und Entwicklungsländern braucht eine dauerhafte und ausbaufähige Basis, eine Basis, die nicht den Status »Entwicklungsland« und »Industrieland« zementiert, sondern verändert.

Das gelingt nur im Rahmen einer weltweiten marktwirtschaftlichen Ordnung. Sie motiviert auch wenig entwickelte Länder zur Entdeckung ihres typischen Leistungspotentials. Sie integriert sie in den internationalen Prozeß der Arbeitsteilung, und sie schafft Einkommen, die wirklich »erwirtschaftete« Teilhabe am Wirtschaftswachstum sind. Die Entwicklungshilfe der Industrienationen ändert dann auch ihren Charakter. Sie besteht nicht mehr vorrangig im Öffnen der Kassen – sowieso oft genug Ergebnis von wechselnder Sympathie, politischem Kalkül oder ideologischer Verklemmtheit –, sondern im Öffnen von Grenzen und Märkten. Zu dieser Politik braucht die Bundesrepublik keine Anleihe beim internationalen Sozialismus zu machen. Marktwirtschaft und internationale Arbeitsteilung sind ihr – noch – vertraut. Sie sind die überzeugendere politische Basis.

Wer Grenzen überschreiten und sich öffnende Märkte erkunden will, wird sich dann auch nicht länger mehr hinter Boykott- und Kartellpolitik verschanzen. So werden die Entwicklungsländer erkennen, daß auf Dauer nicht Konfrontation, sondern Kooperation den Wohlstand auch für sie mehrt.

Noch, so ist der Eindruck, teilen die Entwicklungsländer und auch einige Industrieländer diese Einsicht nicht. Die Liberalisierung des Welthandels ist für sie immer noch fragwürdig, und aus nationalen Gründen wird der Wettbewerb im Welthandel eingeschränkt. In dieser Situation sollte die Bundesrepublik nicht auf andere warten: sie sollte ihre Politik zur Ermutigung von Eigeninitiative, Wettbewerb und Partnerschaft unbeirrt weiterführen. Sie bedarf dabei der Unterstützung durch Regierung und Politiker. Das ist ganz besonders aber auch die Wirtschaft selbst, die in der Vergangenheit durch Forderungen nach bilateralen Absprachen oder nach staatlicher Exportförderung andere geradezu ermuntert hat, weitere staatliche Schutzmaßnahmen in Gang zu setzen.

Nur ein freier Welthandel, ein freier Kapitalverkehr und die Fortentwicklung der internationalen Arbeitsteilung – abgestützt durch staatliche Rahmensetzung und internationale Vereinbarungen – werden Wachstum und damit Beschäftigung auf Dauer gewährleisten.